五つの言語時計

英語用法の
5つのスタイルをめぐる
言語学的な小旅行

マーティン・ジョース 著

奥田隆一 訳

関西大学出版部

【本書は関西大学研究成果出版補助金規程による刊行】

訳者まえがき

　この翻訳はマーティン・ジョースの *The Five Clocks* を翻訳したものである。これまで英語のスタイルに関して、この *The Five Clocks* がよく引用されるのだが、それはこの本の第2章、第3章、第4章の部分であり、この本全体を読んだ人があまりいないのではないだろうか。この本は、言語学の学術書として書かれたのではなく、一般大衆に向けて書かれたミス・フィディッチの成長物語と呼んでいいものである。

　この本の特徴としては、ジョースが理論的なことを説明する英文において、その現象を実際に使用して説明していることがあげられる。これが翻訳の妨げとなっていて、これまで翻訳されてこなかったと思われる。つまり、日本語に直してしまうと、英語そのものの面白さを半減してしまう可能性があるのである。

　内容的には、第1章で2つ以上のものが同時に存在している場合にはそれなりの理由があることを述べ、第2章では英語におけるスタイルの数に言及し、第3章では気楽な会話で使われるスタイルの説明をし、第4章では相手に情報を与える場合にどのようにスタイルの使い分けが行われるのかを説明し、第5章では一番硬いスタイルについて触れていて、文学とはどういうものであるのかを説明している。

　翻訳するにあたって、いくつか新しい試みをした。これまでにこの本の内容を紹介している論文や記事において使われてきた日本語の訳語を使わずに、英語をそのままカタカナで表記した。というのも、日本語ではフォーマル、カジュアル、フローズンという語が日常で使われるようになっているからである。コンサルタティブとかインティメットという語は、まだ日本語化されていないが、将来的に使われるようになるのではないかと思い、今回はすべて元の英語をカタカナ表現にして使った。つまり、従来の訳語である「凍結スタイル」を「フローズン・スタイル」、「正式スタイル」を「フォーマル・スタイル」、「諮問スタイル」を「コンサルタティブ・スタイル」、「略式スタイル」を「カジュアル・スタイル」、「親密スタイル」を「インティメット・スタイ

ル」とした。この訳語に関しては議論があるかもしれないが、読者のご意見を
お伺いしたいところである。訳語でもう一つ難しかったのは、第5章のタイト
ルの Formative Clock という表現である。初めは「形成する時計」という訳語
を使っていたのだが、分かりにくいので、内容をじっくり考えて「学び取る時
計」と言う訳語にしてみた。

　また、上で述べたように、この本では説明している内容を、その箇所の文
章を具体例として実践しているため、訳出するのに苦労した。そのような場
合、注釈を付けることによって読者に分かりやすくしたつもりである。また、
ジョースは、フローズン・スタイルの文では読者の再読に耐える文章を書くべ
きだと説いていて、それを実際に実践しているのである。極端な例は、散文的
に文の一部や単語がバラバラと続く事があったりするのである。この場合は、
直訳的にその語句などを日本語に置き換えるのではなく、翻訳者が解釈した内
容を日本語で表現した。再読に耐えるようにするのであれば、元の語句を日本
語に置き換える方が良かったのかもしれない。

　この本の中では、ミス・フィディッチとジョースの掛け合いが、段落の最後
で丸括弧の中に示されていて、マークワート教授が説明しているように、ミ
ス・フィディッチがジョースの説明に納得していく過程が、いわゆる変身物語
のように解釈できるのである。どういう形で出てくるかと言うと、ジョースの
ミス・フィディッチに対する呼びかけ方で表されている。最初はミス・フィ
ディッチと堅苦しく呼んでいるが、それがミス・Fとなったり、キャンディダ
となったり、もっと親しげにキャンディーとなったりと変化していくのであ
る。これもジョースの説明を具体化した現れである。

　以上のように、この本はジョースが工夫に工夫を凝らしたものであり、一般
に知られている英語のスタイルの概説書というだけのものではない。彼が読者
に最後の章まで読んで理解して欲しかったことの一部でも、この日本語訳で理
解していただけたらなあと願うのみである。

奥田　隆一

目　　次

ハービンジャー版へのまえがき

　話し手が様々な状況に合わせて自分の言葉づかいを調整する複雑な方法が、言語学の研究で認識されるまでには、長い時間がかかりました。また、このような言語の調整の性質を具体的かつ体系的に記述するメカニズムを開発するまでには、さらに長い時間がかかったのです。この本は、英語という言語に関してこの課題に取り組んだ最初のものなのです。この本は5つの側面を持つ言語時計というものの特徴を記述したものであり、その意義を理解するためには、それに先立つメカニズムに照らして見なければならないのです。

　19世紀の大部分、そして20世紀になってからでさえも、特に一般向けに書かれた本の中では、英語に対する判断が単純な二項対立で示されていました。単語や表現は、正か誤か、つまり、正しいか間違いかのどちらかで示されていました。その判断は、一般的に伝統や類推に基づいて行われていました。

　その後、英語に関して述べる著作者たちが、英語の用法の広がりをはしごのように連なる段階として扱うようになった時期がありました。そのはしごの基本、すなわち最小の段階のものは、3つの段で構成されていました。最上段が、形式ばった・文語調の英語、真ん中の段が、くだけた・口語調の英語として特徴づけられ、最下段は下品な・無教養な英語という汚名を着せられていました。はしごは時には拡大され、大抵は真ん中の段にさらなる区別（型式ばった口語、低いレベルの口語）を認めたり、スラングや方言を追加のレベルとして挿入したりして、違和感のある一連のレベルに追加されました。

　今日では、この初期の取り組みに対して優越感を抱くのは簡単ですが、この取り組みは言葉というものをすべて黒か白かのように単純化しすぎた見方から脱却しようとする真剣な努力から生まれたものなのです。

　言語レベルを1つだけの階層としてとらえることに対する最初の本格的な攻撃は、1947年に行われたのです。オハイオ州北東部のカレッジ英語グループ

相手に行われた、ハイラムカレッジでのジョン・ケニヨン教授 [1] の講演でのこ
とでした。ケニヨン教授の論文はその後、*College English* という雑誌に「文
化レベルと英語の機能的な変種（Cultural Levels and Functional Varieties of
English)」というタイトルで発表されました。このタイトル自体が、ケニヨン
教授の主張を示唆しています。つまり、言語レベルを1つだけの階層としてと
らえることは、実質的には「2つの明確に異なり、同質のものととらえること
ができない種類のものの誤った組み合わせだ」ということです。ケニヨン教授
は、標準と非標準を文化的なレベルとして、「気がねのない（familiar)」もの
と「形式ばった（formal)」を言語の機能的な変種としてとらえていたのです。
このことにより、ケニヨン教授は言語を伝統的なはしごの下の段に位置するも
のとして非難することなしに、教養のある人たちの身近で非公式な話し言葉や
書き言葉に尊敬すべき地位を与えることが可能になったのです。

　ケニヨン教授は、それまで行われていたレベル（level）と変種（variety）
の混同を、他の人々と一緒になって継続させたことを自責し、その後の英語に
関するレベルの扱いに大きな変化や修正を期待するのは無理だろうと控えめに
結論づけたのです。でも実際には、ケニヨン教授の研究はかなりの影響を及ぼ
しました。より見識のある教科書執筆者たちは、口語的（colloquial）という
概念をそれまでよりいくらかゆるくとらえるようになり、時にははしごの図
が、垂直方向ではなく水平方向に配置された重なる円形に置き換えられたりし
ました。

　それでも、ケニヨン教授の扱い方には、特に、単純な二分法に再び陥ってし
まうという点で、修正しなければならない点がたくさんありました。私たち
の社会の社会的・教育的構造はあまりにも複雑で、そこで使われている言葉
を「認可（標準)」と「非認可（非標準)」にきちんと分類できないほど連続性
のあるものなのです。同じように、私たちがコミュニケーションをとる状況に

---

(1)　ジョン・ケニヨン（John Samuel Kenyon, 1874–1959）はアメリカの言語学者。
　　Thomas A. Knott とともに *A Pronouncing Dictionary of American English*（1944）
　　を著し、『ウェブスター新国際辞典』の第2版の編集顧問を務めた。

は、あまりにも変数が多く、親しみやすさや堅苦しさの程度には幅がありすぎ
て、2つのカテゴリーにきちんと分類することができないのです。この本が重
要な貢献をしているのは、この後者の点に関してなのです。

　興味深いことに、ジョース教授が英語の5つのスタイルについて初めて論じ
たのは 1958 年秋のことで、ユーゴスラビアで英語を学ぶ学生や教師のために
書かれた *English Language and Linguistics* という本の中に載せられているの
です。「言語の社会的基盤（The Language in Its Social Matrix）」という題名
の節では、イギリス英語もアメリカ英語も、ヨーロッパの言語全体に共通する
「初めて会った目上の人や高学歴の人に対しては堅苦しさがより長く継続する」
というパターンとは異なっているという観察から始めています。そして、「英
語学習者は、威厳と堅苦しさの相互関係を逆転させなければならない」と指摘
しています。

　バルカン半島（にあるユーゴスラビア）でベールを脱いだにもかかわらず、
英語のスタイルに関するこの分析を明確にしたのは、1958 年の夏にアルバー
タ大学 [2] においてでした。そこで、ジョース教授は現代英文法のコースを提供
していました。ジョース教授のクラスには 38 人の英語教師が受講していまし
たが、そのほとんどが経験豊富な教師でした。ジョース教授は授業の切り出し
のために利用するタスクとして、このグループに散文の2段落を評価するよう
に求めました。そして以下のように述べています。「ほとんどの教員はそれに
熱心に取り組み、その作品が覚えの悪い 10 代の人のものであり、雑に構成さ
れ、俗語や文法の誤りに満ちたものであると結論づけたのです」。でも実際は、
この抜粋は、ピューリッツァー賞 [3] を2度受賞したマーキス・ジェームズ [4] の
『チェロキー・ストリップ』からのものでした。

---

(2)　アルバータ大学　カナダのエドモントンにある大学。
(3)　ピューリッツァー賞　アメリカ合衆国における新聞、雑誌、オンライン上の報道、
　　文学、作曲の功績に対して授与される賞。
(4)　マーキス・ジェームズ（Marquis James, 1891-1955）オクラホマ州生まれのアメリ
　　カの伝記作家、歴史家。主な作品に『渡り鴉：サム・ヒューストンの伝記』（1929
　　年）、『アンドリュー・ジャクスン：辺境の大尉』（1933 年）等がある。

この事実が明らかになった衝撃で、ジョース教授と彼のクラスの受講生は、英語の音や文法的な形を客観的に調べることができるようになり、最終的には、文法的に等価な形の中からの選択を説明するためには、文体論を考慮しなければならないというところに行き着いたのです。教授は次のように書いています。「私自身、英語のスタイルが半ダース近くあること、それも確実に3つ以上あることはずっと前から知っていました。そして、その場の思いつきで、英語には5つのスタイルがあると思っていることを受講生に話し、そのスタイルをきちんと理解するために、しばらくの間、セミナーとしてやっていくことを提案したのです」

　純粋に技術的、記述的な観点から見ると、『五つの言語時計』の価値は、私たちがコミュニケーションを行う状況の適切な分類と正確な記述、さらにそれをそれぞれの談話スタイルに特徴的な言語的特徴と結びつけていることにあります。例えば、カジュアル・スタイルは、友人、知人、内輪の人たちのためのものであり、そこには背景情報がなく、聞き手の参加に頼らないのです。それに関連した言語的な手段（linguistic devices）は、省略と俗語を使うことです。同様の扱いは、インティメット・スタイルからフローズン・スタイルまで、全範囲のスタイルに与えられています。それぞれのスタイルに関しては、もっと多くのことを提示することができたのかもしれないのですが、この作品は取り組み方の方向性と道筋を示しています。

　ところが、この本には、単に話し言葉や書き言葉の分析のためのツールとしての価値以上のものがあるのです。この本は、普通のアメリカ人の英語用法に対する罪悪感と著者が呼んでいるものを克服するように書かれています。そのために、読者にはネイティブ・セントラル・イングリッシュの1つだけではなく4つの使用法、すなわち、スタイルだけでなく、年齢、経験の広さ、責任度についても紹介されています。そして、これはもちろん、著者が初期のバージョンで、社会的基盤（social matrix）の中での言語について語った時に、著者が考えていたものです。社会言語学は最近流行の研究分野となっています。私たちが認識しなければならないのは、社会言語学が、多言語主義、社会的方

言、言語の標準化の問題に限定されているわけではないということなのです。その第一の関心事は、社会工学と言語計画の背後にあり、言語と特定の社会環境との間の複雑な関係を必然的に取り扱わなければならないのです。

　五つの言語時計には2つ以上の顔があることは、以前から指摘されていましたが、これまで私たちの関心は、もっぱら文体論の研究としてのこの作品の価値に向けられてきました。しかし、著者は次のように述べています。「私のファンレターはすべて女性からのもので、この作品を文学作品として扱っています。この本の利用に関して発表されたものはすべて男性によるもので、その人たちは最終章には触れることさえせずに、技術的な情報に真剣に向き合っているのです」

　実際のところ、文学的な目的は作品全体を通して明らかで、その目的が完全に出されているのは最終章だけです。作品の最後の方で著者は、人間には2つの派があり、1つは文学を楽しむグループ、もう1つは科学を楽しむグループであると説明しています。そして「この二グループは、未来の社会を作るために力を合わせなければならないのです」と述べているのです。

　ジョース教授はバーナード・ショウ[5]、ゲーテ[6]、ウォルフラム・フォン・エッシェンバッハ[7]に言及し、オウディウス[8]を無視していますが、ジョース教授が書いたものはオウィディウスが書いたような「変身物語」[9]の一種なの

---

[5]　バーナード・ショウ（George Bernard Shaw, 1856-1950）は、アイルランドの文学者、脚本家、劇作家、評論家、政治家、教育家、ジャーナリスト。

[6]　ヨハン・ヴォルフガング・フォン・ゲーテ（Johann Wolfgang von Goethe, 1749-183）は、ドイツの詩人、劇作家、小説家、自然科学者、政治家、法律家。ドイツを代表する文豪で、小説『若きウェルテルの悩み』、叙事詩『ヘルマンとドロテーア』、詩劇『ファウスト』など広い分野で重要な作品を残した。

[7]　ウォルフラム・フォン・エッシェンバッハ（Wolfram von Eschenbach 1170 年頃-1220 年頃）中世最大の叙事詩人といわれ、宮廷騎士文学の完成者。

[8]　オウィディウス（Ovidius, BC43-AD18 年）はローマから 90 マイルほど離れたスルモーという町に生まれた天性の詩人であるが、「詩篇と過ち」によって、AD8 年、時の皇帝アウグストゥス（Augustus, BC63-AD14 年）から流刑地トミスに追放され、10 年後その地で失意のうちに没した。

[9]　「変身物語」古代ローマの詩人オウィディウス（Ovidius, BC43-AD17）による作↗

です。教授はまずミス・フィディッチという人物から始めています。この人物は、もともとはヘンリー・リー・スミス・ジュニア[10]がある箇所で述べた辛辣な発言のうちの1つで命名したものですが、それより20年前にH.L. メンケン[11]によって、食べることよりも、文を文法的に説明する方が好きなオールドミスの教師の一人として記述されています。彼女はそこで説明されているように、「ウェブスターはウェブスターにすぎないし、ミス・フィディッチはその代弁者」ということなのです。最後に、彼女はキャンディダ[12]として登場し、その先駆者であるキャンディダが持った洞察力を持ち合わせていないかも知れないが、一方の現実と他方の愚かさ、幻想、虚栄心を区別し始めています。ジョース教授によれば、ミス・フィディッチの中に作家がいて、さなぎから抜け出そうと奮闘しているというのです。そして、その作家の中に重要な人物がいて、その人の出現こそが非常に興味深いのです。

　彼女の変身はゆるやかに起きるのです。冒頭では、舞台の袖でうろうろしているミス・フィディッチは、主にステージ外での存在としての役割を果たしていて、言語学的な伝承に対する著者の皮肉に憤りを感じています。この時点では、ミス・フィディッチへのコメントは短いもので、彼女に無視させるようにしています。議論が文学とフローズン・スタイルへと進むにつれて、彼女のコメントは長くなっていきます。そして、彼女は議論に参加するようになり、モノローグは徐々に対話へと変化していきます。著者の古典テキストの定義の中に「五つの時計」との類似性があることを認識した時、彼女は初めてキャンディダと呼ばれるのです。

　罪人は一夜にして悔い改めるということはありませんし、ミス・フィディッ

↘ 品。「変身」を共通テーマとして、多くのギリシア・ローマ神話を集大成して一本の叙事詩へと繋ぎ合わせた大作。

(10) ヘンリー・リー・スミス・ジュニア (Henry Lee Smith Jr., 1913-1972) アメリカの言語学者。著書：*An Outline Of English Structure: Studies In Linguistics.* (1951)

(11) H.L. メンケン (Henry Louis Mencken 1880-1956) アメリカのジャーナリスト、エッセイスト、風刺作家、文化評論家、アメリカ英語研究家。

(12) 『キャンディダ (Candid, 1897)』バーナード・ショウによって書かれた戯曲。聖職者ジェームズ・モレルとその妻キャンディダの物語。

チの変化は後戻りすることなく達成されるものでもありません。彼女は時々後戻りしますが、第5章の終わりまでには、著者は少なくとも一度は彼女をキャンディと呼び、彼女もそう言わせていて仲間入りを果たしています。最後の章はすべて彼女のことばかり扱っていますが、一時はミス・フランケンシュタインと呼ばれてしまうことさえあるのです。

　とはいえ、物語の詳細に夢中になっていても、私たちは、言語を見て、それを全体的に見る力、つまり、この本の主な目的は、やはりそれだから、その力を見落としてはなりません。言語について考え、学び、人間の道具としてだけでなく、人間性の道具として、ミス・フィディッチの変化の原因となっているのは、言語を考え、学ぶことなのです。ここに、言語研究に専門的に取り組んでいる私たちへのメッセージと希望があります。ウィリアム・アロースミスの最近のスピーチ[13]を言い換えると、『五つの言語時計』の中には、私たちの技術、学識、知性、そして向上心を実現した人間性を目に見える形で具現化したものを見つけることができるのです。

アルバート・H・マークワート
プリンストン大学

---

(13)　ウィリアム・アロースミスのスピーチの内容は以下のようなものです。まえがきのマークワート教授の最後の文章の原文は、To paraphrase a recent speech by William Arrowsmith, in The Five Clocks we can find a visible embodiment of the realized humanity of our skill, scholarship, intelligence, and aspiration. となっています。ウィリアム・アロースミスのスピーチの下線部分の表現を踏襲したものとなっていることが分かります。

　We too lack educators—by which I mean Socratic teachers, visible embodiments of the realized humanity of our aspirations, intelligence, skill, scholarship; men ripened or ripening into realization, as Socrates at the close of the Symposium comes to be, and therefore personally guarantees, his own definition of love.
　-- William Arrowsmith, "The Future of Teaching," P.180　　　↗

バリーホッフ駅には時計が2つあり、6分ほど違っています。親切なイギリス人男性がポーターにその事実を指摘したら、次のような返事が返ってきました。「旦那、正直のところを言わせてもらうけどね、2つとも同じ時刻を指していたら、2つもいらないんじゃないですかね」

（私たちも教育者が不足しています。この教育者とはソクラテス的な教師、つまり私たちの願望、知性、技術、学問が実現された人間性を目に見える形で具現化してくれる教師です。シンポジウムの終わりにソクラテスが自らの愛の定義を実現し、それを自ら保証するように、成熟した人間、あるいは成熟しつつある人間です）

I 多すぎる時計

　2種類以上の英語が同じ時に同じ場所で使われる可能性があるということは、あまり評判の良くない事実なのです。このことはセックスにも、天気にも当てはまります。でも、このようなことに対する私たちの対応は、同等に現実に即しているわけではありません。農業は変動する天候と周期的な季節によって、最高の収穫ができるように、進化が地球上の動植物を作ってきたということをあたりまえに理解してきました。さらにじっくり考えてみると、セックスというものが定着していて、人間の存続に役立つことが理解できるようになってくるのです。つまり、セックスはそのそれぞれの季節と様々な変化においてことによると、人間の営みには不可欠なものであるかもしれないと分かってくるのです。

　昔からそう教えられてきましたが、天気に対して「季節にふさわしい（旬の）」と呼ぶことで最高の賞賛を与えるように教えられていたのですが、最近は現実に対して、同じ観点でセックスを扱うようになって来ています。それを評価する人は非常に少ないかもしれませんが、知的利益は大きいです。子供たちを不要な罪悪感という重荷を背負って成人させない利益の方がはるかに大きいと言う人もいます。

　英語の用法に対する罪悪感は、精神科医の仕事と同じように、言語科学者の仕事によって、まだ目立つほどには和らげられていません。躊躇することもなく、深く考えもしないで、言語の時計をすべて中央標準時に合わせるように要求するのが、いまだに私たちの習慣なのです。そして、普通のアメリカ人なら誰でも、正確な時間を守ることができないにしても、自分の時計が英語学科の塔の時計とずれていることに気づくと、少なくとも恥ずかしいと感じるように、徹底的に教えられています。当然のことながら、その人は可能な限り見上げないようにしています。そして、その人の言語的な罪悪感は潜在意識の奥深くに隠れていて、公的な人格の根底にあるものを密かに蝕んでいるのです。フロイト[14]やキンゼイ[15]は、その人の私生活での自尊心を強めてきたかもし

---

(14)　フロイト（Sigmund Freud, 1856-1939）オーストリアの心理学者、精神科医。
(15)　キンゼイ（Alfred Charles Kinsey, 1894-1956）アメリカの性科学者・動物学者。

れませんが、社会生活においでは、ミス・フィディッチが述べているように、ウェブスターによる福音書[16] に依然として束縛されていて不安なのです。

あのポーターに発言してもらいましょうか？まあ、今年話してもらってもあまり役には立たないと思われますが。でも、ポーターは宮廷道化師のようなものだから、一度発言しても職を失うことはないでしょう。かなりの人が率直に意見を述べれば、旅行者はもっと共感し、誇りを持って時計が読めるようになるかもしれません。

バリーホッフ駅の状況は単純でしたが、英語には一般的な各国の言語と同じように５つの時計があるのです。そして、それらが伝える時刻は単に進んでいたり遅れていたりするだけではなく、横方向にも、さらに別の方向にも異なっているのです。これは当然のことなのです。共同体は複雑な構造をしていて、様々な必要性や用事があるからです。なのに、たった１つの英語用法のパターンだけで、どうやってうまくやっていけるのでしょうか？（もちろんウェブスターに頼るのです！―でも、ね・・・）

色々な用法が区別できるよう１つの尺度に沿って配置されたとしても、１つだけの尺度ではあまり役に立たないでしょう。それなのに、私たちの英語に対する一般に認められている考えは、そのようなたった１つの基準に従って並べられているのです。

英語について話すことは、天気や農業について話すのと同じレベルまでまだ到達していないのです。また、セックスと生命の存続についてはだんだんと話せるようになってきているのですが、英語についてはそのレベルまで達していないのです。他にもっといい言い方がないので、仕方なく「文法」とみんなから呼ばれる学校民俗学とも言える科目（これは、高校で代数学の代わりに一種の数秘術が、大学では天文学を装った占星術が教えられているようなものなのですが）では、英語の使い方を単純化した方法でしか扱えないのです。これは

---

(16)　ウェブスターによる福音書とは、キリスト教の聖書に例えて、英語用法の聖書にあたるものとして、ウェブスター英語辞典のことを指している。

まるでヴィクトリア朝[17]のお嬢様が「男性」について話すようなものです。

　普通の人に 'if they was to tell the same time' と 'if they were to tell the same time' という表現を比較するように求めると、その人はきっと「悪い（bad）、まあまあ（fair）、良い（good）、より良い（better）、最高＝正しい（best=correct）」というミス・フィディッチの基準を使って答えるでしょう。大体これで終わりです。あっ、そうそう。その人は今広く行き渡っている状況を嘆き、自分も罪を犯してしまい、ウェブスターに届かないと述べ、自分の息子の英語が心配になるでしょう。そして、綴り字改革と共産主義体制に迷い込むことになるのです。

　しかし今、その人に教育方針を求めると、その人は親時計制度の導入を提案するでしょう。次の P.T.A. ミーティングでは、ウェブスターの時代のように、さらなる、より良い文法教育を求める発言をすると約束してくれるでしょう。その人が知らないのは、自分自身が英語用の時計を２つ持っていて、鉄道員の時計と同じくらい適切に調整されていて、様々な場面で使えるようになっていることと、自分の経験や自分の興味・知識・経験などの視野の限界に応じて、多かれ少なかれ信頼できる、さらに３つの時計も持っているということです。そして、あなたが言語学者の知っている次のようなことを何気なく口にすると、その人はあなたが異常なのではないかと困惑するでしょう。つまり、学校教育を受けたおかげで、ではなく学校教育という障害物を乗り越えて、その人は自分で時計を作り、それを調整していたという事実です。

　その人が本当に知っているのは、その人も気づいているように、自分の英語の用法は様々であるということです。実際には、その人が使ういくつかの用法は、どれもが問題になるほどには逸脱していません。パジャマやオーバーオール、会議用のスーツのように、それぞれを交互に着ているのです。どれも、き

---

(17)　ヴィクトリア朝…ヴィクトリア女王がイギリスを統治していた 1837 年から 1901 年の期間。イギリス史において産業革命による経済の発展が成熟に達したイギリス帝国の絶頂期。また、ヴィクトリア朝は多くの人に、感傷、保守的な道徳観と過度の上品さ、装飾過剰を連想させる。

つくないように、そして見なくてもポケットが分かるように仕立てられています。そして、着替えのタイミングを知らせる親時計のようなものが1つあるのです。（違うわ、違うわ。それは混喩（Mixed metaphor）[18]だわ！—私のために神様に祈って下さい。F さん。）

そして、たまたま服が違うことに気づいた時、その人は彼女の良し悪しの評価をオウム返しのように述べるのです。最終的に、その人は毎回自分が間違いを犯しているという考え方に基づいて「不抗争の答弁を申し立てる」[19]と述べるのです。正しさという言葉は教員のためのもので、しかもそれはウェブスターから手に入れたものなのです。（それでは、ウェブスターはどこからそれを手に入れたのでしょうか？—すみません、私は忙しいので）

悪い、まあまあ、良い、より良い、最高（Bad, fair, good, better, best）。最高のものだけが正しいのです。忙しい人には、正しいことばかりすることは無理です。でも、その人の奥さんならできるのです。それが女性の役目なのですから。だからこそ、女性に英語を教えてもらい、手紙をタイプしてもらい、私たちが日曜日に罪深くゴルフボールを探してしている時に、教会に行ってもらい、イギリス人が "Aren't I?" と言っていることを発見してもらうのです。ゴルフ仲間がゴルフボールを2つ見つけたら、'which is me?'[20]（私のは、どっちかな？）と尋ねるのです。（ウェブスター英語辞典では口語となっていますよ。—ハーバードのK教授は次のように言っています。「私は話す時は口語体ですが、書く時にも時々口語体を使いますよ」）

今日、そのポーターだけ、いや、私たちの中のわずかな人だけしか、英語に他の尺度もあることに気づいていないのです。その社会的な有用性を意識的に知ることが、私たちがしなければならないことなのです。「意識的に」というのは、共同体の構成員は、自分たちの使っている言葉の背景に、その他の価値

---

(18) 混喩というのは2つ以上の性質の違う隠喩を混用する比喩のこと。

(19) 原文では no contest となっていて法律用語で「不抗争」という意味。罪を認めるわけではないが、あえて争わないこと。

(20) 'which is me?' Which is my ball? Which is mine? というのが文法的に正しいが、親しい仲間では Which is me? という表現が使われることがある。

があることを無意識のうちに知っているからです。実は、このことこそが共同体の「構成員である」ということなのです。この無意識の馴染みこそが、価値観を有効にし、個人に利益をもたらすのです。子供たちはそれを知っています。だからこそ、ミス・フィディッチに耳を貸さないのです。子供たちは自分たちの利益だけに目を向けているのです。（フランス語で甘い言葉を使って誘惑する方法はどこに書いてあるのですか？―そんなことどうでもいいでしょう！彼女は（いや、彼は）[21] アメリカ人ですからね）

　用法は違っていないといけないのでしょうか？四足動物には4本の足がなければならず、蛇には4本の足があってはいけないのか、という問いにも似ています。それぞれの質問は意味のあるものです。特に原罪[22] を信じる人にとっては。火星からの偵察者であれば、そのような質問はしないでしょう。それぞれの用法を、継続的な進化の中の現在の段階のものとして受け止めるでしょう。そして、自分の調査を黄金時代の神話や進歩論と混同したりはしないでしょうし、「世界は堕落してきている」という間違った考えとも混同したりはしないでしょう。

　偵察者の基本的な仮説は次のようなものだろうと思われます。様々な異なる用法が存在する以上、それを制御するための努力が必要なので、その努力に対する見返りが必要なのです。というのも、その異なる用法は社会で生きていくことに役立つからです。そして、用法間の違い、努力、存在価値を表にすることに取り掛かるでしょう。思いのほか早く、偵察者は、若者たちがどのようにして、よりうまく調整することを促進するのかとか、生き残れる可能性を高めて来たのかを調べるようになるでしょう。例：'Hi, Tooots!（やあ、お嬢ちゃん！）―そんな言葉づかいの愚か者にならないでください！（静かにしてください、ミス・F。この若者たちは試験勉強をしていますので（Quiet there,

---

(21)　彼女は（いや、彼は）…ここで、ミス・フィディッチに対して「彼女」と使い、その次に（いや彼は）と書いてあるのは、結局ミス・フィディッチはウェブスターと同じ考えだということで、ウェブスターを差して「彼は」と書いている。
(22)　原罪とは、アダム（とイブ）の罪が、全人類に遺伝的に受け継がれていると考えられるもの。

Miss F. These are people preparing for the examinations.)）

　努力と価値観とは決して完全には釣り合わないのです。それが、用法が変化する理由なのです。存在価値を洗い流してしまうような絶え間ない侵食を埋め合わせるために、常に調整し直されているのです。つまり、（偵察者が、医学研究から火星で学び、火星の文化を説明するのに役に立つと考えた専門用語である）ホメオスタシス[23]の古典的な例なのです。異化[24]と代謝が起こっているのです。自分が変化していないと思ったら、あなたは死んでいるも同然なのです。シーザーやシベリアのマンモスのように。さらに言うと、ウェブスターのように。

　あまりにも多くの人が Ain't I という表現を捨てた時、私たちは即座に 'Pleased to meet you.' という表現も使うべきでないと考えたのです[25]。社交性のある動物である私たちにとって最も重要な質問は「自分はどのグループに入っているのか？」というものです。2番目に重要な質問は「自分はそのグループの中でどのような立場にいるのか」なのです。3番目はメッセージのやり取り、つまり「私のグループの中で状況はどう変化しているのか？」です。哀れなことに重要度では4番目になってしまう質問が、「天気はどうですか？」という、情報を求める質問なのです。5番目の（以前は学問をひけらかす人だけのために使われていた）質問は「私のグループは、他のグループの中では、どのように順位づけされているのか？」という質問、つまり、言語の用法の観点で言うと「正しさ」に関する質問なのです。

　火星から来た偵察者が調査しなければならないことは、他にも非常にたくさ

---

[23]　ホメオスタシス（恒常性）とは、生体の状態が一定に保たれる生物の性質、あるいはその状態。

[24]　異化とは生物体の物質代謝のうち、体内の複雑な化合物をより簡単な物質に化学的に分解する作用。その際、放出されるエネルギーが生命活動に利用される。

[25]　Pleased to meet you. という表現は Alan Ross の "U and Non-U"（1954）によると、非上流階級が使う表現で、それに対する上流階級が使う表現が How do you do? であると比較されている。

んあるのですが、英語の用法の悪いものから最高のものまでの尺度と、それと並行して使われている機会や気分や人に関する尺度との間の一致についてなのです。人について、悪い人から最高の人まで、前もって決めてしまうのは馬鹿げたことです。（いい人（Good Guy）は常にウェブスターを自慢げにひけらかしているわけではなく、悪い人（Bad Guy）は常にウェブスターに逆らっているわけではないということですか？―その通りです）

　偵察者の報告書には脚注がついていて、bad は食べられない卵にも使われる言葉で、bad egg（悪人）は人にも使われる表現ということや、best butter（最高級のバター）という表現は文学でも使われている[26] ことを指摘するだろうと思います。最低から最高への尺度についての章は魅力的なものになるかもしれません。しかし、その章が最も長い章で、偵察者の見解で最も重要な章であると決めてかかるということはできないのです。火星から来た偵察者のように客観的になろうと一生懸命やってみることで、その報告書をどこまで忠実に再現できるかを見ていくことにしましょう。

　ところで、ウェブスターに関しては載せられていないのですか？―偵察者の報告書の付録に載せられています。自然史博物館にあるので、ここでは言及する必要はないのです。または、ミス・フィディッチに尋ねることもできます。どちらにしても、彼女はウェブスターのいい代弁者になってくれるだろう。[27]

---

(26)　『最高級のバター』（フランス語：Au bon beurre）は、フランスの作家ジャン・デュトールによる 1952 年の小説。ドイツ占領下のパリの乳製品店を舞台に、政治に無関心な店長が状況に順応し、好都合だと思えば協力する姿を描いている。この小説は、占領に対するフランスの態度を風刺している。

(27)　この段落は、今まで（　）の中で交わされていたミス・フィディッチと著者との会話が、（　）なしで前面に押し出されている。

II 時計はいくつ?

　ここでは、重要度の高い順に、母国語話者の標準英語（central English）[28]における4種類の使用尺度を紹介します。

年代	スタイル	経験の広さ	責任度
老人の (senile)	フローズン (frozen)	上品な (genteel)	最高の (best)
成熟した (mature)	フォーマル (formal)	純粋主義の (puristic)	優れた (better)
10代の (teenage)	コンサルタティブ (consultative)	標準の (standard)	信頼できる (good)
子供の (child)	カジュアル (casual)	地方的な (provincial)	口先だけの (fair)
赤ん坊の (baby)	インティメット (intimate)	大衆的な (popular)	最低の (bad)

　この4種類の尺度は本質的に独立したものであり、その間の関係は同じではありません。（でも、最高の英語は上品ではないでしょうか？―そう言われている方は、きっとミス・フィディッチですね）

年代：他のすべての尺度が展開する枠組みです。これが最も重要なのですが、用法に関する年代の尺度については、直接的にはどうしようもないので、ここではほとんど話すことはありません。

スタイル：主に注目することになるのは5つの言語時計です。この時計は、上のような表を参照して、便宜的に「より上位の」と「より下位の」と呼ばれるかもしれませんが、それは相対的な優位性を意味するものではありません。このことについては、すぐに詳しく見ていきます。

---

(28)　ここで原文では central English という表現を使っているのは、時間に関してアメリカで使われている central standard time（中部標準時）をまねて、標準的な英語ということで central English としている。

経験の広さ：この尺度は、経験広さと自主規制の幅を測定したものです。大衆的な英語から標準的な英語まで、色々な経験がその人の英語使用の幅を広げ、そこからさらに洗練された英語に進むにつれて、その人の個性に合わせて、再び英語用法の幅を狭めます。これに関してはこれ以上説明することはありません。

責任度：ここでようやくミス・フィディッチが使用している優劣を表す神話的な尺度に非常に近い実際の英語用法の尺度が出てきました。彼女の尺度の目盛は借用しますが、その尺度の一番上に対する、彼女のお気に入りの同意語「正しい」を排除するために、彼女の意味づけは採用しません。これについては、すぐにもう少し扱います。

　言語学者はそれを認めるのを嫌がるのですが、責任度という尺度は本当に存在しています。重要性は低いですが、かなり顕著に見られます。重要性は低いというのは、一時的または永続的な共同体を形成する時にしか使用しないからです。もし、それがうまくいけば、その共同体は責任度に関しては均質になり、それが社会的なグループとしての共同体をまとめるのです。そうなれば、グループメンバーの責任度の評価を忘れていいのです。というのも、メンバーを追加・削除する時にだけ使うので、その使用は終わるからです。この責任度という尺度は、言語時計の5つのスタイルを検討する前に、混乱を防ぐために、じゃまにならないように片付ける必要があります。
　言語学者が「責任度」という尺度を認めることを嫌がる理由は、「責任」という尺度の存在を認めると、自分たちが当然のことのように拒否してきた英語用法の「品質論」を支持していると、通常見なされてしまうからです。その「品質論」というのは、英語用法は全面的に正しいか誤りかということ、つまり、実際の生活の中でそれが使われると、どのような結果をもたらすかを調べずに、タブーな規則の下で、各々の用法はそれ自体が完全に正しいか、完全に誤りであるというのです。例えば、"ain't" や "hisself" は悪い英語（あ

14

るいは、自己矛盾を含むので、非難をさらに強くして「英語ではない（not English）」）と評価されています。その用法の悪さを論じている記事や論文はどれも、水道に毒を入れるのと同じようなことをしているのです。（ウェブスターには何と書かれていますか？それで解決ですね。これ以上この問題を議論しても意味があるとは思えません）

ところで、その言語学者たちの言うこともある程度は正しいのです。それを使うアメリカ人のほとんどが述べているように、'Ain't I?' は、'Aren't we?' と同じくらい立派な語源を持っていて、突き詰めていくと、'Aren't I?' よりも立派な語源を持っているのです。さらに、みんなが使っている 'myself, ourselves, yourself, yourselves' を考えると、論理が文法を支配するというならば、悪いと考えられている少数派の hisself, theirselves の方が文法的には正しいということになります。⁽²⁹⁾ でも、起源や論理は重要ではないのです。次のような基本規則（master rule）が何世紀にもわたって知られています：反逆は決して成功しない。これはなぜなのでしょうか。なぜかというと、もしそれが成功したとしても、誰もそれを反逆と呼ぼうとしないからです。要するに、共同体において、何を規範とし何を「悪い（一般的には、それを使用する人々によってさえも）」と評価すべきかに関しての選択は、明らかに恣意的なので、用法というのは決して良いか悪いかではないのです。みんなの総意によって決められているのです。

えっ、絶対にそんなことはないですって？問題はそれだけではないのです。社会生活には、英語用法の責任の尺度を作り出す何かがあり、その尺度の自然な根拠（natural basis）を検証した時、民俗学がそれを質の尺度と呼ぶ理由が分かるでしょう。

共同体が存続するためにはみんなの協力が必要であり、適切な協力には、私

---

(29) ここで述べられていることは、myself, ourselves, yourself, yourselves という語は「代名詞の所有格＋self」という形になっているので、論理的に考えると「代名詞の所有格＋self」という形になっている hisself や theirselves という語の方が himself や themselves より正しいということになってしまう。

15

たちの周りにいる責任の重いタイプの人とそうでないタイプの人を認識することが必要なのです。私たちは、すべての中で最も重い責任を任せる、すなわち、協力そのものに対する責任を持ってもらえるように、共同体の中できつい仕事に耐えられるという天賦の才能のある人を識別する必要があるのです。そうすれば、私たちの大多数は、私たち全員を繋ぐ協力のネットワークを維持するという重荷から解放されて、それぞれに自分をうまく生かせる地位や場所で気楽に役割を果たすことができるのです。私たちの中には、協力のネットワークに強い関心を持っていても、その能力があまりない者もいます。私たちは、郵便配達人、作家、議員、教師などの仕事につきますが、そのような仕事には、協力を維持するために必要な興味や才能があるかどうかを判別するテストによって選ばれるのです。

　いずれにしても、共同体は主に、様々な用法の尺度で私たちを測定できる、言語の用法テストによって私たちを判別します。逆に、私たちはそれぞれが他人を選んでいます。現在のところ、私たちが興味を持っているのは、責任という1つの尺度です。というのも、性格の尺度と使用法の尺度は、非常に正確に平行して走っているからです。

　私たちは、この尺度を使うことを非常に早い段階から学び始めます。水着を着た裁判官よりも、身なりの良い詐欺師を信頼するのは、非常に愚かな10歳児ぐらいでしょう。その10歳児は主に耳を傾けることで、より責任感のある人物を選ぶのです。それは、雇用主が求職者との面接を求めるのと同じ理由なのです。というのも、それは手引書が必要でない面接であり、口語という使用変種は誰でもが使うことができるものだからです。

　責任ある人格を表す口語という使用変種は、例えば hisself ではなく himself が使われるように、確かに部分的には恣意的であり慣習的です。しかし、この慣習には自然な基盤があり、それも非常に単純なものです。責任のある言語はいい加減ではなく、曖昧さがありません。それは話し手に義務を与えます。責任感のある話し手は、自分自身をその義務から逃れられないようにするという、ある種の病的ともいえる強制力を受けているのです。責任感のある話し方

では、言葉を不鮮明にボソボソ言うことはありませんし、文法が矛盾していたり、言葉の意味をぼかしたりしません。それは、その基盤が支えとなっているからです。himself などは慣習的なものですが、それは自然な基盤からその強さを借りているのです。それらはかぶせられているように重なり合っていますが、その基盤には himself という非論理性を圧倒するほどの強い根拠があるのです。

　ミス・フィディッチの言葉づかいの半分くらいは従来のものを基礎にして、その上にかぶせられたものです。彼女が作ったのでしょうか？いいえ、「類は友を呼ぶ」という考えに基づいて共同体が作ったものなのです。歴史的な偶然、つまり共同体の構成員の間で himself と hisself の分布がランダムに変動したことで、たまたま himself が責任論の中で比較的一般的なものと見なされるようになったのです。そこでは実際にはそんなに一般的ではなかったかもしれないのですが、共同体全体では少なくともそうだと思っていたし、それで十分でした。後は、みんなが使えば、一般的になるのです。責任に憧れていた若者たちは（おそらく無意識のうちに憧れていただけだと思いますが）‘himself’ を選び、無責任な生活に憧れていた若者たちは、慣習的に利用できるのであれば‘hisself’ を選んだのです。

　もしそうでなければ、彼らは代わりにキザな（effete）用法を選択したでしょう。下品さと上品さ（vulgarity and effeteness）は、私たちの文化の中で同等の合図を使っています。それぞれがその仲間にパスワードを提供しています。共同体全体にとって、パスワードは「責任感は必要なし！」という合図なのです。そして、コミュニケーション・システムのこの部分については、私たちが気づかないうちに使用変種全体が機能しているので、私たちはその言葉をさらに確実に、そのまま受け止めるのです。

　ミス・フィディッチの間違いは、明らかに責任のある人が実際に言っていることに耳を傾けるのではなく、意識的かつ論理的に使用変種を解明しようとしていることです。しかし、時として、実際に耳を傾けることもあります。その時、自分が学んだことを教えようとしたり、より責任感の強い生徒がそのよう

に話すようになったりすると、ミス・フィディッチは、自分が教えたことが彼らが学んだことだと想像してしまいがちです。でも、それは錯覚なのです。責任感は尊敬を得ることになるので、ほとんどの人が（全員ではありませんが！）、ただ単に他の人からの尊敬を受けるために、英語の用法の責任度の尺度を一段階上のものにしようとするのです。無責任な人でさえも、危険を感じなければこれを試してみるでしょう。いずれにしても、かつて「悪い」とされていた使い方は、いつも衰退して最終的には消えてしまうのはそのためです。ミス・フィディッチが禁止したからではないのです！子供たちはミス・フィディッチの言うことを聞いているのではなく、飛行士であるデイビッドおじさん[30] やヘンダーソン博士[31] や、そして、もし学校がきちんとした役目を果たしているなら、歴史上の人物や架空の人物の言うことにも耳を傾けているのです。ミス・フィディッチは、悪い英語が台頭していると確信していますが、彼女はベッドの下で泥棒を探しているようなもので、項目ごとに統計を調べてみるとその逆なのです。（泣かないでください。ミス・フィディッチ。ホメオスタシスが悪い英語を供給し続けてくれるから、心配ないですよ！）

　最終的に、共同体は、「最高の」用法ではなく、尺度の真ん中にある「信頼できる（good）」の用法を好みます。共同体では、いつものように、病的なほど正直な立候補者を拒絶しますし、最高の英語を使うのは教師になるには不適格なものと見なされています。

---

(30)　デイビッドおじさん　アンクル・デビッドとして知られるデビッド・ゲイツは、最も献身的な宣教師のパイロットである。彼の話は、心を打つものであり、感動的である。彼は、最も過酷な状況下で勇気を示しました。彼は福音を推進するための資金を得るために神に依存しています。今日、デビッド・ゲイツ氏は、全世界に福音を伝えるために力強い働きを続けています。

(31)　ヘンダーソン博士（Eugene Henderson）ソール・ベロー著『雨の王ヘンダソン（*Henderson the Rain King*）』に登場する博士。

Ⅲ　形式ばらない時計とは

　さて、残りの部分で私たちが注目することになる「五つの言語時計」を見ていきましょう。つまり、13ページの表にある5種類のスタイルです。1つの例外を除いて、話し手がある場面で1つのスタイルに限定しなければならないという決まりはありません。一般に、話し手は別のスタイルに、おそらく文の途中でさえも自由に移動することができるのです。しかし、通常は隣接する2つのスタイルのみが交互に使用されるのです。例えばカジュアル・スタイルからフォーマル・スタイルへと1回のジャンプで2つ以上の段階を移動するのは反社会的なのです。5つのスタイルを別々に比較して見ていくと、移動の詳細は明らかになります。

　まず、「信頼できる、標準の、成熟した、コンサルタティブ・スタイル（good standard mature consultative style）」から始めるのは、この報告の読者がそのスタイルに最も馴染んでいると思われるからです。しかし、この共同体自体は、平均年齢が「成熟した」というレベルに属するにもかかわらず、野球などの瞬間的な作戦変更などの際に使われる、完全に中心的な「信頼できる、標準の、10代の、コンサルタティブ・スタイル」が一番しっくりくるのです。さらに混乱するのは、記者は、信頼できる、標準の、成熟した、フォーマル・スタイルで書いているからです。そして、コンサルタティブ・スタイルやカジュアル・スタイルから多くの借用をしており、さらにフローズン・スタイルの断片や継ぎ当てがきちんと慎重に配置されていることなのです。

　次のページには、格好の標準的で完成されたコンサルタティブ・スタイルの長いサンプルをあげてあります。これは本物です。というのも、電話回線から録音されたものなのです。これはチャールズ・カーペンター・フリーズ著『英語の構造』からコピーしたもので、本の中ではイニシャルだけを使っているのですが、会話が自然に流れるように、代わりに架空の名前を使っています。一人の話者の言葉はイタリック体になっています。以下はフリーズの引用です。「聞き手の側のこのような口頭での反応は、話し手の発言の連続的な話の流れ

を妨害しません。それは単に聞き手の何かの反応を示し、聞き手が話し手の話を注意深く聞いているということを伝えるのに役に立っているだけなのです。」[原注1] 対面での話し合いでは、うなずきや微笑みなどで構成されるため聞こえないものもあるのですが、聞こえるものは最近になって電話用に発明されたものではないことは明らかです。というのも、すべて以前の印刷物から文書化できるからです。活発な会話の中では、聞き手のあいづちは、聞こえるものと聞こえないものを合わせると、ここで見つけたものよりずっと多くなると思われ、聞こえるものだけでも、ここで見つけた数とほぼ同じ、つまり、6秒に1回程度になると思われます。

	I wanted to tell you one more thing I've been
2	talking with Mr. Davis in the purchasing de-
	partment about our typewriters **yes** that order
4	went in March seventh however it seems that
	we are about eighth on the list **I see** we were
6	up about three but it seems that for that type
	of typewriter we're about eighth that's for a
8	fourteen-inch carriage with pica type **I see** now
	he told me that Royce's have in stock the
10	fourteen-inch carriage typewriters with elite
	type **oh** and elite type varies sometimes it's
12	quite small and sometimes it's almost as large
	as pica **yes I know** he suggested that we go
14	down and get Mrs. Royce and tell her who we
	are and that he sent us and try the fourteen-
16	inch typewriters and see if our stencils would

(原注1) Charles Carpenter Fries, *The Structure of English* (New York: Harcourt, Brace & World, 1952), p. 50. 参照。

work with such type *I see* and if we can use

18 them to get them right away because they have

those in stock and we won't have to wait *that's*

20 *right* we're short one typewriter right now as

far as having adequate facilities for the staff

22 is concerned *yes* we're short and we want to

get rid of those rentals *that's right* but they are

24 expecting within two weeks or so to be receiv-

ing—ah-to start receiving their orders on

26 eleven-inch machines with pica type *oh* and of

course pica type has always been best for our

28 stencils *yes* but I rather think there might be

a chance that we can work with elite type *well*

30 *you go over and try them and see what they're*

like and do that as soon as you can so that

32 *we'll not miss our chance at these*^(原注2)

もう1つお話ししたいことがあります。タイプライターについて購買部門のデイビス氏と相談しているのですが。**あっ、そうですか。**その注文は3月7日にされましたが、リストの大体8番目になっているようです。**なるほど。**我が社の対応待ち順位は3つほど上がっていました。しかし、このタイプのタイプライターでは大体8番目です。これは、14インチのキャリッジにパイカタイプのものです。**そうですか。**デイビスはロイスの店には、先ほど、エリートタイプの14インチキャリッジタイプライターの在庫があると言われました。**本当？**　そして、エリートタイプは様々で、かなり小さいものからパイカと同じぐらいの大きさのもあります。**ああ、**

(原注2)　同書 p.20

知ってます。 デイビスは、私たちがロイス夫人に会いに降りて行って、私たちが誰であるかを伝え、デイビスが私たちを行かせたと話し、14 インチのタイプライターを試して、我が社のステンシルがそのようなタイプでうまくいくかどうか見てみたらどうかと提案しました。*そうですか。* そして、もしそれが使えるようなら、すぐに入手してください。在庫があるなら待つ必要はありません。*それがいい。*　ところで、スタッフのための装置という点から見ると、タイプライターが 1 つ足りないのです。*そうですか。* 足りないので、レンタルを解消したいです。*それがいいですね。*　でも、2 週間足らずのうちに届く、えっと、11 インチのパイカタイプのマシンの受注を開始する予定だそうです。*そうですか。* そして、もちろん、パイカタイプは私たちのステンシルにとってこれまで常にベストなものでした。*そうですね。* でも、むしろ、エリートタイプとうまく連携できる可能性があるのではないかと思います。**では、どんなものか試してみてください。できるだけ早くそれを実行して、このチャンスを逃さないようにしてください。**

コンサルタティブ・スタイルは英語の中でも説明するのが最も簡単なものなのですが、ここではその文法については書きませんので、簡単かどうかはあまり関係がありません。それでも、いくつかの注意点を指摘しておいてもいいかもしれません。we won't [19] と we'll not [32] は同義ではありません。後者では、'will' は否定されていませんが、後の語句が否定されています。伝えようとしているメッセージは「きっとチャンスがつかめる (we'll surely get our chance at these)」ということです。oh? [11, 26] は新しい情報の受け取りを認め、I see [5, 8, 17] はそれが理解されたことを証明し、yes [3, 22, 28] は相手の状況理解を承認し、that's right [19-20, 23] は相手の決定を承認するものです。このような意味の違いは、相談では重要な意味を持っているので、聞き手の貢献に直面しても完全に沈黙することはありません。

コンサルタティブ・スタイルの 2 つの典型的な特徴は次の通りです。(1) 話

し手は背景情報を提供する。そして、それがなくても理解されるとは想定していない「エリートタイプは様々で（elite type varies）」[11] のような情報です。
(2) 聞き手が継続的に参加している。この2つの特徴のために、コンサルタティブ・スタイルは初めて会った人、つまり自分たちの言語を話しているが、個人的に持っている情報量が違うかもしれない人と折り合いをつけるための基準となっているのです。

　しかし、聞き手を他人として扱うのは長い目で見ると大変なことです。だから、遅かれ早かれ、その人と社会的なグループを形成しようとするのです。これを達成するための最も強力な手段がカジュアル・スタイルの使用です。カジュアル・スタイルは、友人、知人、内輪の人間のためのものであり、見知らぬ人に向けて、その人を内輪の人間として扱うだけなのですが、その人を内輪の人間にするのに役立ちます。このスタイルの悪い面をあげると、背景情報がなく、聞き手の参加に頼らないということです。これは失礼なことではありません。というのも、そのような助けがなくても分かりますねという褒め言葉を聞き手に与えているからです。良い面をあげると、同じ仕事を直接的に行う2つの装置があることです。(1) 省略と (2) スラングで、これはカジュアル・スタイルの典型的な2つの特徴です。

　「スラング」という用語は、ここでは厳密な意味で使用されています。大まかな一般的な意味では使われていません。そのため、みんなに嫌がられている、言葉におけるありとあらゆるものに対する非難を表す語、つまり標準以下の使い方を非難する言葉になっています。例えば、非標準の用法、方言、カント（隠語）、ジャーゴン、または単にぞんざいな表現などです。辞書（Webster's New International 第2版）の定義には、「スラング」の1つの意味として「カント（隠語）」[32]、2つ目の意味として「ジャーゴン」が載せられていますが、ここではその両方を排除しています。3番目の意味は、次のようになります。「広く流行っているが通常は短命な言葉（特に造語や省略語、特殊な意味で使

---

(32)　カントとジャーゴンは類義語だが、カントの方には軽蔑的なニュアンスが含まれる。

われる言葉、通常は比喩や直喩（similes）である句）で構成される言葉で、わ
ざとらしい、幻想的、または奇妙な意味を持っているものや、風変わりな、ま
たは大げさなユーモアや空想を示すもの」。例をあげると、leather はスラング
ではなく、「財布」を表す泥棒の間で使われるカント（隠語）なのです。また、
to be with it という表現はスラングではなく、移動式遊園地で使われるジャー
ゴンなのです。さらに、to be in the new という表現は 16 世紀にスラングだっ
たのですが、現在では標準的な英語なのです。それから skiddoo は死んだスラ
ングです[33]。でも、生きたスラングを引用するのは何の役にも立ちません。と
いうのも、このページが読まれる前に廃れていることがかなり確実だからで
す。

　省略の目的とスラングの目的は同じなのですが、その説明と歴史を見ると正
反対なのです。省略はマイナスの特徴を持ち、歴史的には非常に安定していま
すが、スラングはプラスの特徴を持ち、非常に不安定です。しかし、どちらも
同じ特徴を示しています。つまり、誰もが解読できるわけではないようなこと
を、内輪の人間である聞き手は解読するということなのです。

　省略はカジュアル・スタイルの文法とコンサルタティブ・スタイルの文法の
違いの大部分を占めています。'I believe that I can find one' という文はコン
サルタティブ・スタイルの文法では（必要ではないのですが）適切だと言え
ます。カジュアル・スタイルの文法では、例えば、（さらに省略した 'Believe I
can find one.' という表現までいかないまでも、）'I believe I can find one' とい
う短い形が必要なのです。英語の弱形の語[34] はすべて、カジュアル・スタイ
ルの文の最初では省略することができます。'It would have been a good thing
if …' は 'Been a good thing if …' となり、同じように、'[A] friend of mine' や
'[The] coffee's cold.' と省略されます。省略の中には音韻的なものもあり、'Can

---

(33)　skidoo という語は、もともと「どこかから素早く去る」という意味で使われてい
　　　たが、今は使われなくなった。Cf. *Oxford Dictionary of English*, 2nd Ed.
(34)　英語の弱形の語　　英語の語彙の中には、内容語と機能語があり、機能語は通常の
　　　文では弱形で発音される。機能語には代名詞、関係代名詞、be 動詞、助動詞、接続
　　　詞、冠詞、前置詞などが含まれる。

I help you?' はコンサルタティブ・スタイルのもので、'C'n I help you?'[35] は
カジュアル・スタイルのものです。'acute' という単語から生まれた 'cute' と
'defence' という単語から生まれた 'fence' という現代の単語は、カジュアル・
スタイルから生まれたたくさんの単語の中の2つで、それ以降、昇進して
きています。同様に、'I thank you' から生まれた 'Thank you' はずっと上の
フォーマル・スタイルまで昇進し、シェイクスピアによって使われた 'Many
thanks' や 'Much thanks' から生まれた 'Thanks' はコンサルタティブ・スタイル
にまでしか昇進していません。このような歴史的な小さな移動はさておき、
省略表現は安定しています。今日使われている省略表現は、ほぼすべてシェイ
クスピアに見られます。例えば 'Thanks' などです。

　制度としての俗語も古くからあるのですが、個々の俗語表現は逆に、必然的
に不安定です。理由は明白です。なぜなら、相手を内輪の人間として分類する
ための（あるいは不要な聞き手を部外者として排除するための）スラング表現
の有用性は、そのスラング表現を理解しているのは人口のごく少数派であると
いう事実、あるいは少なくともそれが社交辞令[36]—仮想の事実—として通用
するからであり、それぞれの俗語表現は必然的に短命なのです。というのは、
それが社交辞令だということが年を経るとともにはっきりと分かるようになる
からです。その目的は果たされなくなり、役に立たない俗語は破棄されるので
す。その一方で、その穴を埋めるために新しいスラングを作らなければならな
いのです。もちろん、全く同じ意味の新しいスラングではなくて、通常の供給
を維持するのに足りるだけの新しいものであればいいのです。破棄されたスラ
ングは「死んだ俗語」となるのですが、その中のいくつかは、まだジョークや

---

(35)　'C'n I help you?' can という助動詞も機能語なので、弱形で発音される。強形では
　　　/cæn/ と発音されるが、弱形では /k(ə)n/ と発音される。C'n という綴り字で示さ
　　　れているのは /kn/ という発音である。

(36)　polite fiction というのは、参加者全員が真実を知っているが、対立や恥を避ける
　　　ために、信じているふりをする社会的シナリオのこと。ポライト・フィクションは
　　　婉曲表現と密接な関係があり、無作法、不愉快、または不快と思われる単語やフ
　　　レーズを、話し手と聞き手の両方が同じ意味を持つと理解する別の単語やフレーズ
　　　に置き換えたりするのである。

懐かしいものとして使用するための時代物として復活する可能性があります。例えば 'kiddo'（君）[37] や 'for crying out loud'（何ですって）[38] などです。（何とひどいことでしょう！―それが人生ですよ、ミス・フィディッチ）

　それは原子物理学では「半減期」と呼ばれています。俗語表現の半減期は1年という規模なのです。つまり、1000の俗語のうち1つぐらいが10年間生き残り、無限に使われるほど生存力があります。例としては to be in the know という表現などです。俗語が文学で使うために作られた場合、その俗語は「文彩、シミリ、メタファー」というふうな文芸用語として権威づけられます。でも、それもまた、使い古されればごく普通に捨てられるのです。（そんなこと、信じられませんわ。―信じる必要はありませんよ、Fさん）

　この省略とスラングという2つの基本的な装置（pattern devices）の他に、カジュアル・スタイルには次のような特徴があります。恣意的な決まり文句のリストです。すべてが非常に安定しており、個別に学習され、聞き手の便宜のためにスタイルを識別するために使用されます。Come on! という表現は、シェイクスピア（*The Tempest*, I, ii, 308）の時代以前から使われて来たこのような識別装置のうちの1つです。そして、今までずっと、この言葉が向けられた大人の英語のネイティブスピーカーは皆、無意識のうちに話し手がカジュアル・スタイルを使っていることを知り、それに応じて反応してきたのです。そして話し手の方は、自分がなぜそうするのかを意識せず、そういう反応を得るためにそれを使ってきました。すべてが、自動的に、無意識のうちに行われるのです。それは、話し手が嘘をつく時、自分が「実を言うと」という表現を使うのは、それが嘘だというレッテルを貼るためだということに気がついていないのとちょうど同じなのです。これは、フロイト流で言うところのうっかり本音を漏らした失言であり、これは英語では、深く根付いているものなのです。（はっ

---

(37)　kiddo 以前は、「　」という意味で使われていたが、今では若者に対して「おい」「君」という呼びかけ語として使われている。

(38)　for crying out loud…この語句は、以前は「お願いだから」というような懇願を表す時に使われていたが、今では「全く頭にくるなあ」「何てことだ」という意味で、怒りや驚きを表す表現として復活して使われている。

きり言いますが、私は決して・・・・・・―あなたを信じていますよ！）

　それぞれのスタイルには、上のような従来の決まり文句のリストがあり、それは「使用変種ラベル（code label）」と呼んでいいでしょう。というのも、メッセージの一部を伝える役割と、スタイルを特定するという両方の役割を果たすからです。使用変種ラベルの識別機能は一様に効果があり、メッセージを伝える機能に関しては、全く何も持たないものから完璧に伝えるものまで様々です。例えば、Come on! という表現は「みんなは味方だよ」という意味から「歓迎しますよ」という意味までどのようなものまでも表しますが、Come on, cheer up! という表現は「元気を出して、みんなは味方だから！」という以外の意味はないのです。もちろん、カジュアル・スタイルの使用変種ラベルの長いリストがありますが、‘Come on!’ は最も一般的なものの１つです。

　コンサルタティブ・スタイルの使用変種ラベルには、聞き手のあいづちの標準的なリスト、つまり、yeah の専門的なものである yes、yeah、unhunh、that's right、oh、I see、yes I know という表現と、ごく少数の他のもの、さらに、聞き手と話し手の間の役割を逆転させるために使われる well が含まれているのです。コンサルタティブ・スタイルの使用変種ラベルのもう１つの分類（class）は、カジュアル・スタイルが全く新しい話題を扱わないことで避けている話のスムーズな流れを維持するための決まり文句で構成されています。それは、フォーマル・スタイルで、正確な鍵を失敗することなく悠々と探し出すために使われる、新しい扉を開くための合鍵の束のようなものなのです。上で取り上げた 22 ページの実例では、このような合鍵の束には、「項目、計画、問題、出来事など」を表す、汎用性のある名詞 thing [1]、「in, for, by, of, concerning など」の意味を持つ汎用性のある前置詞 on [25]、そして最後に、フォーマル・スタイルで使われる approximately と同じ意味を持つ、数的な概算の「およそ」を意味する about [5, 6, 7] や or so [24] が見られます。他にもコンサルタティブ・スタイルの使用変種ラベルの合鍵は存在するのですが、それがどのように働くかを示すには、上で見た実例だけで十分でしょう。１行目のように典型的なカジュアル・スタイルでは「何か別のもの」が述べられます

し、堅苦しいフォーマル・スタイルでは「発生した状況」が述べられているで
しょう。フォーマル・スタイルでジョークを言う人は、I'd like to see you on
a typewriter (39)という表現から馬鹿げたイメージを面白がるふりをする傾向が
あるかもしれませんが、訓練された社会的動物である我々は、単に 'on' をカ
ジュアル・スタイルの使用変種ラベルとして受け取るのです。

　コンサルタティブ・スタイルとカジュアル・スタイルという口語で使われる
スタイルは両方とも、方法は異なるのですが、日常的に個人的な情報以外の、
いわば公的情報を扱います。カジュアル・スタイルはそれを当然のこととし、
ほとんどの場合はそれを暗示するのですが、コンサルタティブ・スタイルの場
合は、それが必要とされるとすぐにそれを述べるのです。しばらくの間、個人
的な情報以外の情報がない場合、（男性同士の）カジュアル・スタイルでの会
話は、沈黙や冗談に終始してしまい、コンサルタティブ・スタイルでの会話は
急にやめられたり、中断されたりします。このような調整は、この２つの口語
スタイルで個人的な情報以外の情報がどのような役割を果たしているかを明ら
かにするのに役立ちます。それは両スタイルにとって不可欠なものだからで
す。

　このように、インティメット・スタイルでは、この役割は単に弱められると
いうよりも、むしろ積極的に破棄されるのです。インティメット・スタイルの
話し言葉では、個人的な情報以外の情報を排除するのです。（それなら、どう
して言葉と言えるのでしょうか？—ちょっと待ってくださいよ。そうおっしゃ
るのはミス・フィディッチですね？）

　定義：インティメット・スタイルでの発言は、話し手の個人的な情報以外
の情報を聞き手に与えることをあからさまに避けています。例をあげます。
'Ready'（準備ができている）という語は、非常に様々な状況で使われますが、
その中には他の人が立ち会うことを許可するものもあります。また、この表現
は、断言や質問と同等の意味を持つことに注意してください。もう１つの例を

---

(39)　「あなたがタイプライターを利用している姿」と「あなたがタイプライターの上
　　　に座っている姿」の混同によるだじゃれ

あげましょう。'Engh' や 'Cold' は、家族の夕食のテーブルで使われた場合、話し手の奥さんにコーヒーが冷めたことを伝えているのではないのです。このことは、ミス・フィディッチに伝えられることになるでしょう。それも、彼女が省略形について詳しく説明した（それも、間違って）後に。というのも、これは省略形ではないのです。これは話し手の奥さんにコーヒーのことを何も伝えていないのです。伝えるすべもないなんてありえるのでしょうか！奥さんはコーヒーが熱くなってからどれくらい経ったかを正確に知っているはずです。もしそのことを言わなければならなかったとしたら、カジュアル・スタイルの 'Coffee's cold'（「コーヒーが冷めてるわ」）が代わりに使われていたでしょう。何しろ二人とも使用変種のことを知っているのですから。このような発言のポイントは、単に、（不明確で、あまり重要ではないのですが）話し手の本心を相手に気づかせる（「知らせる」ところまではいかない）ことなのです。（でも、私は彼らが人間らしく話してくれればなあと思っています！―当然のことでしょう？）

　インティメット・スタイルの体系的な特徴は、他のスタイルと同様に２つあります。(1) 抽出（extraction）と (2) ジャーゴン（jargon）[40] です。インティメットなグループ（通常はペア）が作られると両方とも安定します。抽出は先ほど説明したもので、話し手は考えられるカジュアル・スタイルの文から最低限のパターンを抽出します。抽出は省略ではありません。省略文にはまだ語法、文法、イントネーションがあります。インティメット・スタイルでの抽出は、この３項目の１つだけを使用します。印刷された 'Engh' は意味をなさない単語で、辞書的な意味を持たないのですが、インティメット・スタイルの使用変種ラベルとしての役割は果たしています。（カジュアル・スタイルでそれに相当する語は、'unh' と綴られ、異なる声質を持っています。）しかし、そこにはメッセージの意味があり、それは 'Engh' が話される際のイントネーションやメロディーによって伝えられます。話し手はこのイントネーショ

―――――――――――――――――

(40)　ジャーゴン（jargon）とは、仲間同士だけに通じる特殊用語のこと。

ンを使えそうなカジュアル・スタイルの文から抽出しており、文法的な3項目
「語法、文法、イントネーション」の中からイントネーションだけを使ってい
るのです。さらに、もう1つ別の例である 'Cold' は単語の形だけは同じなので
すが、ここでは意味を成さない一本調子で話されています。そして同じことが
'Ready' にも当てはまります。'Engh' が3項目の最後のイントネーションに減
らしたように、このような例では、最初の語法に絞られています。これによっ
て、聞き手自身がそのメッセージを自分で完成させるか、または、できれば、
現状を理解できるようにしているのです。(私にはできませんわ。―ちょっと
お願いできませんか?)

　もう一度言いますが、これは失礼なことではありません。これは、相手に対
して、成熟した人々の間で可能な限り、最高の賛辞を送るものなのです。成熟
しているということは、公共の場ではある程度の用心深さがあるということを
暗示しているのですが、ここではそれが全くなく、話し手もそう述べていま
す。話し手の内面と外面の間には正確な区別があり、話し手はこのことを明ら
かにしていて、聞き手が話し手の内面も外面も知っているとほのめかすことを
称賛するのです。(Engh ―今の発言は・・・ミス・フィディッチですね?)

　インティメット・スタイルは、他のスタイルの体系のものは何も受け入れま
せん。スラングや背景的情報なども一切受け入れないのです。民俗学が「スラ
ング」と呼ぶインティメット・スタイルの使用変種のどの項目もスラングでは
なくジャーゴンなのです。それは一時的なものではなく、このスタイルの永続
的な使用変種なのです。そして、そうでなければならないのです。というの
も、親密さのためには、聞き手は自分が内輪の人間であることを告げられる必
要がないからなのです。他のすべてのスタイルも同様、その特徴をインティ
メット・スタイルに当てはめようとすると、親密性を損なう結果となるので
す。したがって、インティメット・スタイルでの使用変種、すなわちジャー
ゴンは、公での使用においては厳しく制限されています。インティメット・スタ
イルでは、それぞれのグループが独自の使用変種を考案しなければならないの
です。このすべてのことと何らかの形で関連しているのは、インティメット・

スタイルでは言葉づかいが決して話題にならないという安心感を伴う事実なのです。例えば、文法に対するどのような反応でも、瞬時にインティメットさを崩壊させるのです。［別の機会にお話ししますので、ミス・エフさん（S'mother time, M...F...）］

Ⅳ　情報を与える時計とは

　少しだけコンサルタティブ・スタイルのことに戻ります。コンサルタティブ・スタイルはその時の背景情報を提供してくれ、聞き手の方も全面的にこのスタイルに関与します。聞き手が参加することで、与えられた背景情報が少なすぎることも多すぎることもないことが保障されるのです。あまりにも情報が少なすぎると、聞き手は説明を求めるために割り込んでくるでしょうし、あまりにも多すぎると「はい、知っていますよ」と言うかもしれません。言葉づかいと要件とのバランスが正確に保たれているのです。発音は明確で耳障りではありませんし、文法は完全なのですが、時々、異なる構文への移行が行われます。意味的には曖昧さがなく適切です。すべては瞬間的なホメオスタシスによって調整されるのです。話し手は事前に2〜3秒以上前に話す内容を組み立てることはありません。どのような場合でも、そんなことはできないのです。というのも、話し手は聞き手が6秒ごとに1つ2つの言葉を差し挟んでくることを予期しておかなければならないからです。以上のように、全く無意識のうちに交わされるので、これは非常に厳密に構成されたタイプの言葉だと言えます。その文法は、文法が持つすべての可能性の中で中心的なものなので、他のすべてのスタイルで使われる文法は、コンサルタティブ・スタイルの文法に古いものやその他の複雑な要素を加えて作られています。これ以外のスタイルでの発音は、非常に簡単に言えば、コンサルタティブ・スタイルの発音から発生したものなのです。コンサルタティブ・スタイルで使われる単語の意味は、基本的にはコンサルタティブ・スタイルの意味であり、他のスタイルでは、それぞれのスタイルに必要性に応じて特定の意味が加えられます。インティメット・スタイルでは当事者だけに分かる意味が、カジュアル・スタイルではスラングの意味が、フォーマル・スタイルでは専門的な意味が、フローズン・スタイルでは比喩的な意味が加えられるのです。

　フォーマル・スタイルを、コンサルタティブ・スタイルとの違いという観点から見てみると、決定的な違いは、聞き手の参加がなくなるということです。これは、グループが大きくなりすぎた時にそうせざるを得なくなるのです。言葉の差し挟みが重なり合って意味が分からなくなったり、聞き手それぞれが、

言葉の差し挟みの間隔を、約30秒という生物学的な限界以上に取らなければならなくなったりすることがあるからです。このようなことになると、どこかのグループメンバーが無反応（catatonic）になったり、参加しなくなったりして、そのグループを抜けるか、または、フォーマル・スタイルで話し始めて、他のメンバーが無反応（catatonic）になったり、参加しなくなったりするのです。そうすると、このホメオスタシスにより以下のどちらかが起こるのです。コンサルタティブ・スタイルのままで話せるようにグループのサイズを縮小するか、または一人の熱狂的な話し手と無反応（catatonic）な聞き手の集団にグループを分割するのです。熱狂的な人が有能であれば、対面での対話をフォーマルな集会にすることができるのですが、普通の人が協議を維持するのは、グループの構成員が約6人というサイズまでです。その構成メンバーのサイズには限界があり、英語の 'committee'（委員会）という語が表すサイズなのです。それ以上のサイズの場合は、議会法のようなもの。つまり、活動的な人と椅子に腰掛けて聞いている人への分割が必要なのです。

　話し手が予想される反応が全く分からない場合には、不参加も余儀なくされるのです。このように、見知らぬ人同士の会話はフォーマル・スタイルで始まります。英語文化圏において、都会の見知らぬ人の間では、フォーマル・スタイルが使われる期間は、紹介という儀式の時だけで、その果たす機能はフォーマルさによって実際の用件が妨げられることがないようにすることです。その次にコンサルタティブ・スタイルでの会話が約6秒続きます。コンサルタティブ・スタイルにおいても、気まずく感じたり、気まずくなりかけたりすると、同じようにフォーマル・スタイルでの話の時間が設けられるのです。コンサルタティブ・スタイルの中断は、フォーマル・スタイルで別れを告げるか、カジュアル・スタイルで別れを告げることによって示されます。具体的には、コンサルタティブ・スタイルの中断は、カジュアル・スタイルで別れを告げる 'I might not be back for a while.'（しばらく戻らないかもしれないよ）という表現などで示されるのです。

　フォーマル・スタイルは情報を提供するように設計されています。その重要

な特徴は、コンサルタティブ・スタイルでは補助的に必要なものであり、カジュアル・スタイルでの談話では補助的なものであり、インティメット・スタイルでは欠けているということです。フォーマル・スタイルでの使用変種ラベルは、聞き手それぞれに以下のことを知らせてくれます。聞き手がフォーマル・スタイルの枠組みの中にいること。言葉の差し挟みをしてはいけないのではなく、許可が下りるまで待たなければならないこと。答えを準備する時間、すなわち半世紀と言っていいほどの長い時間が与えられていることなどです。使用変種ラベルの代表的なものは may です。他のスタイルで might や can のいずれかを必要とするメッセージは、気持ちを抑えたり、言い換えたりして、May I help you? や We may not see one another for some time. のように、以前に引用したコンサルタティブ・スタイルと同等の内容の表現が使われる。'May I present Mr. Smith?'（スミスさんをご紹介しましょうか）と言うことでフォーマル・スタイルのラベルを最も経済的に貼ることができるかもしれませんし、'No, you may not.'（いや、だめです）と言うことで子供に身をすくませるかもしれません。もともとは、うまく使われた might は、女性用の帽子を髪に止めるためのピンと同じくらい効果的だったのです。

　フォーマル・スタイルは、使用変種ラベル以上に、聞き手の不参加によって厳密に確定されます。この聞き手の不参加は、話し手にも影響を与えます。話し手はまるで自分がいないかのように話すことがあり、フォーマル・スタイルの使用変種ラベルである 'one' は例外としても、'I, me, mine' や、絶望的な状況での 'myself' など、自分の存在をほのめかす語を避けるのです。話し手は話す内容と自分自身の両方を、巻き込まれることから守っているのです。多分、屋根が落ちて来ようとも話し手はそこにはいないでしょう。

　このスタイルでは他の人々によるあらゆる支援がないので、文章そのもので勝負しなければならないのです。形こそがその中心的な特徴なのです。個人的な現実との色々な繋がりが切れてしまっているので、理想主義の哲学者に反論するために痛いほど蹴られた石のような他の繋がりを軽蔑するのです。その代わりに、文章の内部の論理的な繋がりだけを利用しようと努力するのです。そ

して、その論理的な繋がりを細心の注意を払って表すのです。発音はいやになるほど明快で、文法においては、省略は許されず、細かいところまで注意が払われています。背景情報は複雑な文章の中に織り込まれていて、中断がなく、文章は段落に整理され、段落は明確に構成されています。つまり、私は4つの段落を1つに組み立てていて、この段落はその3段落目にあたります。

　そのため、フォーマル・スタイルの文章は前もって考えておく必要があります。コンサルタティブ・スタイルでは、話し手は、当面の語句以上の計画を立てることはなく、限られた回数だけ本筋に戻ることが許されます。フォーマル・スタイルの話し手には、いやでもその話を聞かなければならない聴衆がいるので、話し始める前に文全体の計画を、導入する前にパラグラフのアウトラインを、そして始める前に談話全体の領域の区切りを提供する義務があるのです。

　このようなことをすべて実行している人は、計画の三段階を継続的に管理しているのであれば、正しく、素早く考える人と言われています。というのも、それは明らかに頭脳以外のものを必要としているので、知的な人々は現場で即座に対応しようとはせず、前もって文章を、自分でゆっくりと構成するのです。

　フォーマル・スタイルをよく表している特徴は2つで、(1) 離調 (detachment) と (2) 結束性 (cohesion) です。最も重要な特徴の1つは、元の文体から継承されているイントネーションです。というのも、聞き手（聴衆）は話す内容を一度しか聴かないため、イントネーションに問題があると危険であり、大きな欠落があると悲惨なことになるからです。印刷物のように、イントネーションの不足は、金額が書かれていない小切手のようなものにすぎませんが、誤ったイントネーションは聞き手に3倍の損害を与えることになるのです。フォーマル・スタイルの枠組み（frame）では、ネイティブスピーカーは pine tree の2番目の単語を非常に大きく発音し、ありえないメッセージを伝えようとするかもしれません。すると、聞き手の注意は混乱を招くような霧に覆われ、その後に続くおよそ6つの単語は聞き取れなくなるのです。そ

の間に、聞き手はまず、自分たちが聞いた内容のおかしさを察知しなければなりません。2番目に、意味がおかしい中途半端な文章のことは忘れて、使われた順の単語のリストを覚えておく必要があります。3番目に、試行錯誤しながら、そのリストからもっともらしい文章を作り上げなければならないのです。このような聞き取り方法は「自分に対する義務」として知られており、この際の労力は、かかった費用が確定申告で控除されるのと同じように、ある程度報われるのです。

V　学び取る時計とは

フローズン・スタイルには、一連の単語の並びだけしか残されていません。句読点をつけたとしても適切なイントネーションを与えることにはほとんど役立たないし、そもそも優れたフローズン・スタイルはイントネーションに頼ることは全くないのです。フローズン・スタイルは、出版物や演説のためのスタイルなのですが、読者や聴衆が作者や演者に質問することが許されていないのと同じように、原文には信頼できるイントネーションが欠けていることが特徴なのです。他のスタイルと比べてみると、この特殊性は明らかにフローズン・スタイルの欠陥で、本来の機能を果たすことを妨げています。他の機能を果たさなくても良いため、他のスタイルより優れているとの共通認識により、フローズン・スタイルは独自の機能を発展させてきています。完璧なフローズン・スタイルは他のスタイルより優れているため、通説では、フローズン・スタイルが言葉全体の中で理想的なものだという誤った考えを生み出して来たのです。

では、完璧な文章は言葉の最高の様式ではないのでしょうか？もちろん、それ自体は、それなりに最高の様式なのです。しかし、学問的な観点から見ると、「最高の」、「正しい」、「古典的な」というようなラベルをつけられた個別の表現だけしか見えないのです。というのも、記憶に残るような文章の素晴らしさと、出版する価値のある素晴らしい文体というのは正しい形と選び抜かれた定型表現でできているという捉え方とを、区別することが不可能だからです。もし、後者のような捉え方が正しいとすると、それを学ぶことができるでしょう。しかし、実際のところ、素晴らしい文章というのは創造するしかないのです。

フローズン・スタイルの役割は、ありのままの姿として理解されています。でも、それは以下の条件が満たされる場合だけなのです。つまり、他のスタイルと同様の役割が果たせていて、しかも他のスタイルより優れているという偏見がない場合に限られるのです。そのため、前に見たスタイルの尺度において、フローズン・スタイルの反対の端にあるものから、手短にもう一度見ていくことにしましょう。典型的なインティメット・スタイルは、二人の個性を融

合させます。典型的なカジュアル・スタイルは、異なる個性をまとめ、さしあたり個性をぶつけ合うのではなく、互いに補い合うことにより、そこにいる全員以上の役割を果たす共同体となるのです。典型的なコンサルタティブ・スタイルは、まとまることなく協力を生み出し、まとまらないことから利益を得るのです。典型的なフォーマル・スタイルは、各自の将来計画がより見識のあるものになるように、個別に情報を与えます。典型的なフローズン・スタイルは、最終的に、自分で学び取る気にさせます。そうなれば、自分が選んだ役割を、今までよりも自信を持って果たすかもしれないのです。

　後にあげた４つのスタイルは、それぞれの必要性（それは、１つ２つの基本的なスタイルと比較すると分かる、独自の欠陥から生じる必要性なのですが）を何とか考慮することで、それぞれの役割を果たしています。一人一人が違っているという事実を元に作られたカジュアル・スタイルという仕組みによって、社会的にまとまることで、個人的な差というものが十二分に補われるのです。共有された情報がない場合は、コンサルタティブ・スタイルにおいては十二分に補われると言えるのです。というのも、二人の知恵の方が一人のものよりも優っていて、相談することで２倍以上になるからです。典型的なフォーマル・スタイルでのコミュニケーションで、聞き手が参加しないという欠点は、１時間の話のために数時間の準備をすることで、十二分に補われるのです。

　フローズン・スタイルは、社会的に他人のままでいる人のためのスタイルです。そして他人のままでいることを直接的に補ってくれるのはコンサルタティブ・スタイルを使うことです。この２つのスタイルを比べてみると、フローズン・スタイルには２つのものが欠けています。聞き手の参加とイントネーションです。反対に、２つ得るものがあります。そのうちの１つが、読者が読み返しをすることができるということです。

　この「読み返す」という語を誤解しないようにしてください。読み返しは、活字をもう一度ざっと読むことではありません。もう一度ざっと読むことは、読み返しに対する最も役に立たない代用品のようなもので、公文書を読む時に専用に使われるべきものなのです。読み返しというのは原文の内容を再考する

ことなのです。これは目を閉じて行うと一番うまくいきます。また、これは元
の本からずっと遠く離れた場所でも、ずっと後にでもできるのです。

　読者は読み返しをすることができます。この1つの事実に、作家の可能性と
危険性が秘められているのです。本来しなければならない仕事のための訓練を
怠っていると、変化に乏しいメッセージを整然と並べるだけの文章を書くこと
になり、一度だけざっと読み返せば完全に理解できるような、明瞭な浅い文章
になってしまいます。それはフォーマル・スタイルの条件だけをきちんと満た
した文章でしかなく、それでは稚拙なフローズン・スタイルの役割さえも果た
せないのです。

　この時に、ひたむきに取り組んでいる作家は、最初に自分が原文に盛り込ん
だものをはるかに超えて、読み返す人が無限に自分で学び取ることができるよ
うにするのです。作家はこのプロセスを開始するだけです。読み返しをする人
がそれを引き継ぐのです。それでは、作家の役割とは何でしょうか。書き直し
をすることなのです。作家は本質的には書き直しをする人なのです。書き直し
をしない作家（例えばトーマス・ウルフ[41]）は、まともな作家ではないのです。
もっとも、作家とは言えない作家にも、その役割はあります。でも、ここでは
直接関係のないことなので触れないことにします。

　書き直しをする作家とは、一度完成させたメッセージを明確にし、力強くす
るために、修正したり、正確な表現をしたりしようとする人のことではありま
せん。それがうまく実行されると、書き直しをする人が自分の考えという衣
服を見事に配置しただけでなく、その考えの死体の埋葬準備もした[42]ことを、

---

(41)　トーマス・ウルフ（英：Thomas Clayton Wolfe, 1900-1938）は、20世紀初頭の
　　　アメリカで活躍した作家。4本の長編小説に加え、複数の短編、戯曲、中編小説を
　　　執筆した。彼の作風は、自伝的な書き口で、独創性・詩趣に富んだ文章を、感じた
　　　まま叙情的に書き上げるもの。

(42)　ここでは、原文が 'we learn with sorrow that he has not only *laid* the garment
　　　of his thought *out* handsomely but has *laid out* the body too' となっていて、lay
　　　out という表現の「配置する」と「埋葬準備をする」という2つの意味を使い、言
　　　葉遊びをしているので、with sorrow（悲しみとともに）という表現が使われてい
　　　る。

悲しみとともに知るのです。（he has not only laid the garment of his thought out handsomely but has laid out the body too.）。（その文の 'not only' は 'has' の前に置くか、2つ目の 'has' を削除してください。—申し訳ありませんが、ミス・フィディッチ、私より優れた考えを聞かせてくれない限り、悪意から出たのではないので私の考えは撤廃しませんよ。—でも、私の考えは明確で正しいといえるのでは！—でも、ウェブスターは亡くなっているので、間違っているといえますよ。）

　書き直しをする作家は、長い旅のために自分の考えをスーツケースに詰め込む人のようなものなのです。衣服を詰め込んだ後に、衣服の起伏を整えるようにして、段落を終わらせるだけではないのです。それどころか、もう一度中身を全部出して、詰め直すのです。それも、何度も何度もです。そのたびに、別の考え方を、色々なポケットに入れるのです。それを終える時には、言葉の数よりもその考え方の数の方が多くなるほどです。1つの文には多くの愛情が込められるので、読み返す人には多く得るものがあるのです。一見すると、1つあまりたいしたことのないものが見つかるのですが、他のものは、次々とさらに深いところで、読むたびに1つずつ見つけられるようになっています。（なぜ何のために？—読み返したら分かりますよ）

　その一連の文章の奥深さを、1回の執筆で達成することも可能かもしれません。でも、もしかしたら、そのような天才は、単に自分の頭の中で詰め直しができる人のことではないでしょうか。いずれにしても、さらなる考えを言葉の中に巧みに染み込ませて、詰め直しをしなければならないのです。それが文章に何度も繰り返し詰め直された場合にのみ、次々とさらに深いところに得るものが見つかるのです。それが、私たちが持っている知恵というものなのです。

　読み返す人の知恵は、書き直しの過程を真逆にしたものではありません。最後に詰められた考えが、2番目に発見されるかもしれないし、詰め込まれた順序と同じになるかもしれないし、詰め込まれた逆の順序になるかもしれません。どちらの順序を選択する方がいいかに関しては、はっきりした理由はありません。読み返す人が書き直す作家の順序を逆にすると、両者の知恵の調和か

ら得るものがあり、そのままの順序でそれに従うと、両者の不一致から何らか
得るものがあるのです。また、その段階を飛ばす場合には、練習によって自分
の知恵を鍛えることができるのです。

　この本では、処理を遅らせるほどの遠慮はしないので、7ページの下部にあ
る括弧内の表現を使えば、書き直しをする人の側の処理がどのようなものかを
説明できるでしょう。それをよみがえらせることのできる文案は以下の通りで
す。

Excuse us, please.（すみません、お願いします。）
Quiet, Miss Fidditch.（静かに、ミス・フィディッチ。）
Quiet, Miss F; the children are studying.（静かに、ミス・フィディッチ。
子供たちが勉強していますから。）
Quiet, there! These are people, studying for exams.（そこ、静かに！この人
たちは、試験のために勉強していますので。）
Quiet there. Miss Fidditch. These people are studying.（そこの人、静かに
してください。ミス・フィディッチ。この人たちは勉強していますので。）
Quiet there. Miss F. These are people preparing for examinations.（そこ、
静かにしてください。ミスF.この人たちは、試験の準備をしていますの
で。）

だんだん文章が長くなっているのは、これを書いた人がアマチュアであるこ
とを物語っています。でも、この文は私がここで言いたいことを都合よく表し
ています。この文は、全体を一息で読めるくらいの長さです。だから、ざっと
目を通し直す回数は、読む回数よりはるかに少なくなるでしょう。もう1つの
別の意味を発見するたびに、読む速度が遅かったとしても、もう1度読み返し
をしたことになるからです。おそらくこの行は、このページを読んでいる読者
のうち、読み返しをする人であれば、それぞれ少なくとも6回は再考したこと

49

でしょう。（そうでしょう！曖昧だからですよ。——今のところコメントしないでおきます）

　次に、読み返す人は新しい意味を発見するたびに、そのことを自慢できる権利があることを認識しなければなりません。発見と発明の間には本質的な違いはなく、すべての新しい考えは古い記憶から構成され、まとめ上げられたものなのです。ケンタウロス[43]のようなものになるには、人の要素と馬の要素が必要なのですが、それができれば、大したものだと言えます。同じように、読み返しをする人は創造的な思想家だと言えます。表面的にすべての意味を盛り込むには短すぎる文章を再考して、その人が6つの意味を創り出したと感じるのはしごくもっともなことなのです。その人はそう感じるでしょうね。そう感じないというのは非人間的（inhuman）であると言えるでしょう。（それを言うなら、'unhuman'（人間でない）か、'nonhuman'（人間のものではない）という語を使うべきではないでしょうか？——あなたがそう望むなら'inhumane'（人道的でない）と言ってもいいですよ！）

　でも、その人はそうするように誘惑されたのです。定義：典型的なフローズン・スタイルは、次から次へと独創的な発見をするように読者を誘い込むもの。それは、細菌のようなものであり、素晴らしさを伝染させるという意味で、素晴らしいものだと言えます。それは、続けることが素晴らしい作業を開始するのです。そして、続けることを確実にするための勢いをつけてくれます。読者は創造的に考えることを連続してやれば、そのたびに報酬を与えられるのですが、調子が乗って来ると、自分の都合に合わせて次々と多くの意味を創造し続けます。そして、その人は自分で学び取っていくことになるのです。

　これは文章が不明瞭であるからではありません。不明瞭であれば、文章の一連の流れを早々に断ち切ってしまうか、あるいはそもそも始めることができません。これは明瞭だからでもありません。明瞭であれば、そのようなきっかけは与えられないからです。つまり、読者自身の努力で続ける勢いをつけなけれ

---

(43)　ギリシア神話に登場する半人半馬の怪物。

ばならないのです。というのも書き手の努力ではそれができないからです。作家にできることは、不明瞭さと明瞭さの間のどこかに決めて、考えを詰め直すことだけなのです。

　幸いなことに、熱心な作家にとっては、この2つの間には十分な間隔があり、そこで誠実な仕事をすれば、まずまずの小さな結果を毎回達成することができ、それもある程度の確率で、まぐれ当たりもあるのです。その場合、書き手は想定される読者にとって本当にふさわしいかどうかを気にかける必要はありません。結局のところ、ある読者にとっては詰め込みすぎでも、別の読者にとっては詰め込みが少なすぎることもあり、それぞれの書き手が自分に合った読者を得ることができるのです。本人が意識しているかどうかは別にして、表面的なメッセージではなく、どのようなことをどれだけほのめかすかによって、ゆるぎない読者を選ぶことができるのです。例えば、この段落の（原文で使われている）9番目の full という単語は、ある読者には何の意味もなく、2番目の読者には1つだけの意味しか持たないし、3番目の読者には単に古風な味わいを感じさせ、4番目の読者には啓発するような類推を与え、5番目の読者には長い無限連想の連鎖を開始させるかもしれません。作家が自分の潜在意識を使って読者を選択することに納得していると仮定すれば、つまり、円熟していると仮定すれば、このことで失敗する可能性は唯一、5番目の読者の連想が、つらい記憶という不快な状況に導くかもしれないということです。でも、それは起きる可能性があれば、遅かれ早かれ起こりうることであり、原理的には文章を書き始めることとは無関係なのです。すべての人のつらい記憶のリストというものは、その大きさも種類も無限なので、作家がそれを完全に避けるように、うまく計画することはできないのです。（生徒たちには、むやみに人の感情を損なわないようにしなさいと言いきかせています。―そうでしょうね）

　適切に始めることができれば、読み返しをする人の勢いは、作家が印刷された文章に盛り込んだ意図をはるかに超えて、何十年にもわたって延々と続くのです。賢明な作家たちは、この事実を発見したことを意識することもあるのですが、普通はそれを秘密にしています。このような作家は、一般の人たちが問

題の真相に直面することに耐えられないことを、ずっと前から知っているか、早い段階で発見してしまうのです。そして、自己防衛的に作家が述べる真実を冗談や曖昧なものとして片付けてしまいます。例えば、ブラウニング[44]は自分の初期の詩について「私がこの詩を書いた時、神とロバート・ブラウニングだけがその意味を知っていたが、今では知っているのは神だけだ」と述べていますし、ゲーテも、初期の詩について2つの解釈のうちどちらが正しいかと問われ、「結局のところ、2つの解釈があってもいいじゃないですか」と答えています。批評家の中にもこの事実を知っている者はいるのですが、ほとんどの批評家は、新しい批評家の一派を立ち上げようとしていると思われるのを恐れて、それを公表することを躊躇しています。（生徒たちは、詩の意味をいつも尋ねてきます。—推測するのは楽しいですよね）

　そのために、この後で、書き直しの見本に関して、いくつかの考えられる読み返しに注目するのですが、それは自慢するためではありません。作家はせいぜい、読者が読み返しやその先にある自分での学び取りへの予測できない道に最初の一歩を踏み出したことを讃えるだけしかできないのです。その道がその後どんなに長くてどれだけ曲がりくねっていても、褒められることも非難されることもありません。したがって、優れた作家は完璧である必要はなく、誰も、この文を書いている私でさえも、その日のまじめに取り組んだ著作物を活字にすることを恥じる必要はないのです。読者が2度以上読み返しをして、何度も手に入れたくなるほどの報酬を、作家が用意しておけば、読者は後ろめたさを感じずに自分の報酬を受け取ることができるのです。（私には、普通の人にはあまり重要視されていない好きな作家が何人かいます。—彼らは生きていますか？書き直しをして伝えましょう！）

　当然のことながら、完璧なフォーマル・スタイルで書かれた作品は、読者にとっては時間の無駄なのです。作家が独自の考えをすべて読者に押し付ける場合には、読者は注意を向けないことでしか自分を守ることができないので、読み返

---

(44)　ブラウニング（Robert Browning, 1812-1889）は、イギリスの詩人。

しをしてみようという気が起こらないのです。どうも、ウィンストン・チャーチ
ル⁽⁴⁵⁾の作品はすべてそのようなもののようです。(私の叔母は、彼の文章はと
ても素晴らしいと思っていますよ。―彼自身もそう思っていましたよ)

　違うのです。いい文章とは、作家が書いた後に完璧にアイロンがけされた、
ある登場人物に関する完璧な仕立てられた服のようなものではなく、実際に活
動している人のしわくちゃのスーツのようなものであり、さらに仕事の緊張か
ら解放されているため、その服のポケットにはゴミや手に入れる価値のあるも
のが詰められているのです。そして、見つけた人によってそれぞれの価値がつ
けられるのです。(そのことはじっくり考えないといけないですね。―その調
子です)

　読み返しの他に、感じ直しと呼ばれる種類のものがあります。これが単独で
行われると、文章はすぐに背後に追いやられ、追いやられた反動で後ずさり
し、感じ直す人は自分独自のノスタルジアを単独で追い求めることになりま
す。このスタイルはフローズン・スタイルに似ているのですが、フローズン・
スタイルと同じところと、そうでないところがあるので、同じものではないの
です。実際のところ、これは「反フォーマル・スタイル」と呼んでいいかもし
れません。なぜなら、それは情報を与えることより読者の参加の方を重要視す
るため、フォーマル・スタイルの目的を逆転させているからです。紛らわしい
ことに、反フォーマル・スタイルには、まともでない作家が使用する、2種類
の正反対のものが見つかります。つまり、トーマス・ウルフのように、文章を
ただ熱い涙のようなもので埋めるだけのまともでない作家と、フランツ・カフ
カやエドガー・アラン・ポーのように、煮詰めて蒸留した強い酒のようなもの
で文章を満たすような過剰な作家がいるのです。このような場合、読者は以下
のような状況になっていることを知るのです。船が乗組員全員をのせたまま沈
み、自分自身は転がり落ち、壊れかけている樽につかまって、一人で浮かんで
いて、飲めるものはラム酒と海水だけしかなく、それが喉の渇きをあおるだけ

(45)　ウィンストン・チャーチル(Winston Churchill 1874-1965)は、イギリスの政治
　　　家、陸軍軍人、作家。

だと気づくようなものなのです。不注意な読者は、自分の感情を満たすために文章を、飲み物を一口で飲み込むようにさっと読んでしまうのです。そうなると、樽は崩壊してしまい、海は砂漠のようなものとなるので、読み返すべき文章がなくなってしまうのです。人は孤独です。もちろん欲望が知恵に勝っても文章の読み直しをすることはあります。でも、それは昔の孤独な感情を何度も呼び起こすだけで、再び自分の道を行くことになり、ひょっとしたら魅力的な未知のところに行き着くかもしれないのですが、文章がない以上、そういうことは期待できないでしょう。というのも、それは、フローズン・スタイルの第2の利点の読み返しだけでなく感じ直しもできるということを生かすことができないからです。（でも、『大鴉（The Raven）』[46] は素晴らしかったです！—あなたはそのようによく後戻りするのですか？）

　でも、読み返しと感じ直しの絶妙なバランスをとるという賢明な方法があります。これは、まず、文章と感情が、同程度に再考する価値のあるものである場合で、その場合に、読者は速やかに両者のバランスをとるのです。この2重プロセスの追求は、どちらも決して放棄されないのです。この2重プロセスを通して、本物の詩や綿密に書かれた散文によって、十分な能力のある読者が開始するのです。

　このバランスがある場合のみ、感情の追求というものは、ありのままの事実やむき出しの欲望などを乗り越えることにより、知恵という別の国へと進むことができるのです。なぜかというと、人間はただ考えるだけではなく感情を持って考えます。また、動物であるだけでなく言葉を話す動物だからです。私たちの知恵というものは、文章に影響を与え、文章によって影響され、同じように感情に影響を与え、感情に影響されるものです。人間の知恵において、感情と文章は切り離せないものなのです。最初に活字で見たり、耳で聞いたりした文章や、その時に最初にわき起こった感情だけでなく、むしろ、それらを分けることのできない融合したものとして、感じ直しと読み返しを同時にした人

---

(46)　『大鴉（The Raven）』はエドガー・アラン・ポーが1845年に発表した詩。

によって創られた継続的なものなのです。この知恵こそが文学の美学なのです。

　定義：文学とは、共同体がそのまま繰り返されることを要求する文章のこと。うまくいけば創造されることになります。共同体が作品の読み返しや感じ直しをしようとしない場合、その作品は文学的な文章ではなく、下書きのままだと言えます。（成り行きを見守らないといけませんね！―読み返しをしたいかどうかを見ればいいのです）

　元の文のままであるためには、どういうものでなければならないかは明らかです。それは、文章の感情、個人的な自己配置などの色々な種類のものが、ジャンルや小規模な共同体を分割したり統合したりするのです。安定して進化している文化では、分割と結合のバランスがすべてのものを健全に保つのです。（ホメオスタシスですか？―結局のところ、そういうことになるでしょうね）

　口承文学では、文化が何世代もの間にいくつかの大災害を経験して進化するのと同じように、感情も絶え間なく進化します。感情が文化に順応する時に、文章もどんどん現代的になって歩調を合わせます。例えば、スコットランドの国境の悲劇を歌った中世のバラッドや、その現代版の東部の山間部の争いを歌ったバラッドなどがそうです。（なぜか分からないけど、そのバラッドが好きなんです。―理由は分からなくていいですし、好きになってもらえて嬉しいです。）

　価値観がある種の斜面を下って行き、人口が減少し続けている湿地帯のようなところに広がると、文章は崩壊しつつあるため、低俗になり安定性を失います。ボッカチオの物語や、そこから派生した今日ある膨大な数の様々な逸話などがその例です。（それは聞かないようにします。―ということは、彼らの言うことはどうしても聞こえてきますよね。素晴らしいです。そのような物語には我々が育つのに必要なビタミンのようなものが含まれていますから。というのも、肥沃な泥の中のような環境で育っているので）

　価値観が同じように特定の斜面に沿って上昇し、感情の崩壊によって繰り返

し過疎化した高地のようなところに広がると、文章は構成的になりより安定するのです。神聖な本ならどれでもがその例です。そして、感情の高まりに従うことができると感じている小規模な共同体は小さくなり、神秘を所有していることに対してより強い誇りを持つようになるのです。このことで、共同体の感情の規範からの孤立を速やかに完了させるのです。つまり、文章は聖職者のものとなり、永遠に変わらないものとなるのです。（それはどのくらいの期間ですか？─共同体が存続している間です）

　最後に、この4つ目のケースが1つ目のケースと一緒になって、感情が下や上ではなく横にずれてしまうと、文章は時代遅れになり、そのまま繰り返される必要がないために、全体として消えてしまうのです。適当な時期に記録されなかった古代の英雄物語がいい例です。（『マビノギオン』[47] のように！─ほとんどが残されていませんね）

　そして、崩壊しつつある文章は、色々な長さのものから単語まで、さらに単語の一部に至るまで、あらゆる種類の断片として扱われ、繕われる可能性のある物語の中や上に貼り付けられます。物語が繕われると、一度に少なくとも2層の深さを与え、読み直しと感じ直しの過程を開始させ、書き手に深さとは何かを教えることになります。そして懐かしさに訴えることで、必要不可欠な、最初の表面的な価値を提供することになるのです。（私はイギリスの古いバラードが好きなだけです。─そうでしょうとも）

　ここで共同体は、うまく繕われた文章の読み直しと感じ直しをして、小規模な共同体の感情の規範に照らし合わせて、平均以上のステータスになるようにするのは自由なのです。そうなれば、古典となります。アイスランドの家族物語やポール・バニヤン[48] の物語などがいい例です。（最近、ポール・バニヤン

---

(47)　『マビノギオン』（Mabinogion）は、中世のウェールズ語写本より収集した物語を収録した書物。ウェールズの神話・伝承を今に伝えるマビノギ四枝の他、アーサー王伝説のバリエーションとなる話も含まれている。19世紀のイギリスの文学者シャーロット・ゲストの英訳によって一般に知られるようになった。

(48)　ポール・バニヤン（Paul Bunyan）は、アメリカやカナダの民話に登場する伝説上の巨人。西部開拓時代の怪力を持つ木こり。

物語集を読みましたが、その中には偽物もあるようです。—区別がつきますからね！)

定義に相当する説明：古典的な文章とは、感情の糸から紡がれ、共同体の感情のパターンと類似するように織られた文章のことである。人や出来事の読み直しに合うように仕立てられ、どこのブランドか分からなくなったような断片でパッチワークされているが、それが擦り切れてしまうほど長く着られている服のような文章のことです。(あら、それはあなたの言う5つの言語時計と同じではないですか？—そういえば、その通りですね。ありがとうございます、ミス・フィディッチ、いや、キャンディダさん)[49]

このようにして、これに続く次の文章が作成される時には、色々な実際の気持ちを表す糸や織物が、それに縫い合わされなければならないのです。この生きた素材は、とりあえず一番大事なパーツを形成する傾向があります。それを大切に扱うことで丈夫になり、次に断片に分けられた時に第二の人生を歩むことができるのです。その時には、以前の断片は文章としては破棄され、パルプ工場に送られるのです。(リネン紙のようなものですか？—あらゆる文章に適したラグペーパーのようなものです。つまり意味論、文法論、音韻論などのようなものです)

このようなので、永遠に、実験室で人間を作る必要以上に、完全に新しい物語を創り出す必要性は全くないのです。この全過程は自動的に行われます。色々な共同体は常に、事実に基づいた歴史よりも文学を維持する方が簡単だと考えており、実在の人物や出来事を扱った最も安定した文章は、ジョージ・ワシントンと桜の木の話のような、つぎはぎだらけの神話的な文章なのです。(私は学生たちに独創性を持たせようとしています。—これはこれは、はじめまして、ミス・フランケンシュタイン)

もう一度定義を：文学とは、完全なまま時折繰り返されることを共同体が主

---

(49)　ここまで来てようやく Joos の趣旨を、ミス・フィディッチが飲み込めたわけで、そのために認識が共有され、ジョースが初めて親しみを持って彼女をキャンディダと呼んでいる。

張する文章のことであり「完全なまま」という語は今読み直しが行われたのです。ここでは、この語が重要なのです。それは、本能のようなものに対する答えのようです。どの子供であっても、物語が理解できる年齢になれば、繰り返しが必要であり、同じ言葉でなければならないと主張するのです。それはまるで、成熟した人々が古典文学を嗜むことで発見したと考えることを、子供が生まれながらにして知っているかのようなものです。つまり、学び取りというのは同一の文章から繰り返し始めるのが最も良いということなのです。しかし、この偶然の一致は、私たちを驚かせるものではありません。人類学者も、多くの事象を分析することで・・・。(あのマニアックなものが再び登場ですね。―申し訳ありません。気づかせてくれてありがとうございます)

印刷技術と巨大国家が同時に出現したため、千人に一人が一生に一度だけ1冊の本を買えば、文章は紙の上で生き残ることができます。そうなると、計算すれば、たった1つの国に1000種類もの文学が存在することになります。しかし、最も人気のあるジャンルは、広告やその他の諸々の事情、すなわち、古くからすでに聴衆の様々な選択や、色々な文学的な布や仕立屋のようなものの評判により、市場の大部分を占めることになるのです。そうなると、それに続くジャンルは残りの大部分を占めることができ、さらにそれが印刷代や吟遊詩人の夕食代を払うには足りないくらいしか儲からないジャンルまで続くのです。その結果、今日では、約10のジャンルが残っています。1つはコミックブック、もう1つはリーダーズ・ダイジェストなどです。(私の好みは、どちらかというと・・・―もちろん、みんなもそれぞれの好みを持っていますよ)

適当にジャンルを選んで、さっそくやってみましょう。私たちは、再考することで文章を解凍する時点まで戻るのです。解凍を必要としない文章は、フローズン・スタイルで書かれていないので、読者が再考する必要がないのと同じように、それを考慮する必要はありません。(適当に選ぶのが魅力的であるといいのですが。―喜んでもらうように考えてますよ、キャンディダさん)

『ハムレット』を10回読む人よりも、『ハムレット』を100回読む人の方が、より忠実な文学の信奉者であるとすれば、野球の試合の記録は、文学に本気で

専念している、読み返しをするための最大の文章のまとまりであると言えます。というのも、彼らは、文章はほとんど同じように読めなければならないと主張しているので、いくつかの任意の事実を見落とした人は、昨日の新聞でないことを確認するために日付に目をやるからです。同じ文章の1000回目の読み返しをすると、ワクワクするような報酬が得られることは明らかですよ。（本気で言われてないでしょうね！―どうしてそう思われるのでしょうか？）

　野球は非常に文学的なゲームです。読み返しをする人は、選手がテニスやサッカーのように超一流のアスリートでなくてもいいということを知っているので、選手と共感すること（これが文学には必要なのですが）に何の障害もないのです。野球のルールは不可解なほど複雑であり、試合は人生の複雑さを表すのに十分なほど多様です。そうすると、複雑さに直面することを渋っている私たちは、人生の理解と野球の理解を同等にすることができ、継続的に共同で再考するための文章と感情のちょうど良いバランスを促進することができます。定義によれば、野球の文章はそれ専用の散文なのです。語彙は豊富で厳密に整理されていますが、比喩的な表現が使われる余地が十分にあるのです。しかし、そこで行われることが真剣であることが知られているので、比喩表現はスラングではないのです。同じ出来事が非常に多様に語られ、同じ文章が無限の事象を表現するのです。というのも、野球がアップルパイのように長く続くことを疑うような人がいるでしょうか？（それはどのくらいの長さのことですか？―答えはすでに述べましたよ）

　そして、野球の文章か他のフローズン・スタイルのサンプルを使うかどうかは重要ではないので、45ページの例に戻りましょう。実際の過程としての書き換えがどのようなものかを見てきましたが、それでは、それを覆い隠す文学的な虚構についてはどうでしょうか。（なぜ、真実、偽りのない真実を・・・―では真実とは何でしょうか？）

　さて、ここからが本題です。書き手が1つのメッセージを選んだと想定しましょう。他の要素はともかく、イントネーションが使えないことをどうやって補うのでしょうか。原則的には2つの別々の方法がありますが、実際にはこの

2つを組み合わせることの方が多いようです。1つは、イントネーションに頼らずに役目を果たしてくれる言葉を選んで並べる方法で、もう1つは、適切なイントネーションを無理やりつける方法です。そして、この2つの方法は、組み合わされても個別でも、書き直しをする人はその任務を果たさなければならないということは覚えておいてください。つまり、いくつかの考えを、後から後から発見できるように、どんどん詰め込んでいくのです。(うまくできるように期待していますわ。—あなたも成功を祈ってくださいね。キャンディダさん)

　'preparing'(準備すること)という語について考えてみましょう。第一に、イントネーションに依存しないその意味は、読み返しをする人が文章と感情を頼りに、いずれは現れるかもしれない意味なのです。このような理由から、また、筆者がそうしなければならないように、読み返しをする人が自分の双子の兄弟であると想定して、'preparing'という言葉が選ばれたのは、2種類の効果があるからなのです。1つは、'studying'や本書の設定のような機会を描写するのにうってつけな他の語よりも、想像上の人物であるミスFに対して説得力があるからです。これによって読者は、ミスFのイメージや彼女の動機づけについてもう一度考えてみるようになるかもしれないし、現実の場面でも文学的な場面でも、これからずっと何度ともなく彼女や同類の人たちのことを読者が考えるようになった時に、改められるかもしれない考えです。もう1つは、P.T.A.が「生きるための準備」と呼んでいることについて考え、さらに、家族の弟や妹たちのこれからの人生を考え直すという派生的なものを考えるように意図されていることです。特に、その文脈でのexaminationはどういう意味なのかを考えるというワクワクすることから始めるのです。つまり、その状況とは以下のようなものです。求婚、Toots(かわいこちゃん)という語の使用で失職するような仕事への就職、「批判しない女の子」の選択(つまり、責任という物差し上での同質のグループを作る場合)、野心のある夫の選択、などなどです。そしてまた、さらに、どのような繋がりからでも他の連想の鎖までずっと続けていくのです。もし、この文章やこのパラグラフの読み手が、こ

60

のメッセージをメインメッセージと呼び、他のメッセージをサイドスリップ（派生的なメッセージ）と呼んでも、書き手の方は異議を唱えることはないでしょう。（作家は自分が何を言っているのか分からないということですか？—そうなのですが、・・・）

　2つ目は、適切なイントネーションを無理やりつけるための 'preparing' という語の貢献です。'people' という語は以前にも選ばれていましたが、今度は 'children' という語の同義語として受け取られないようにすることが問題だったのです。明らかな解決策は、英文法ではすでに別の手段でやられている、単語を大きな声で発音するだけでなく、示唆的なポーズを印象付けておくことです。このポーズは、直前の単語の意味が最も強いと受け取られることを示すものです。このようなポーズは英語ではコンマで示されるポーズと同等のもので、問題は強制的にポーズを取らせるということなのです。（ここで「英語の」という語句に注目してください。「文学は翻訳できない」と言う場合に、このような処理が大きな意味を持っているのです）。それでは、'people preparing' という音の列を聞いてみましょう。これには [p] で始まる4つの連続した音節が含まれています。（マコーレー [50] の考え方のようね！—彼が家にいる時はいつも幸せであることを願っています）ここでも、真ん中に英語の暗い [l] の音があります。英語のリズムにおいては、4つの [p] を含む音節が続くと、途中でポーズを取らざるを得なくなるのです。そして、そうなると、暗い [l] 音がイントネーションを下げることになり、英語のコンマで示されるポーズと同等なものとなります。このコンマで示されるポーズと同等なものが、最終的に、問題全体の条件が要求するように、people という単語を含蓄のあるものにするのです。（分かっていてそのようなことをやっていたことはありえないでしょう。—なぜそんなことが分かるのですか？）

　そこに使われているコンマ [,] は、もう必要ありません。散文ではコンマをつけていても大きな問題になりませんが、詩人であれば、斜字体を使わないの

---

(50)　マコーレー（Macaulay）とは、Thomas Babington Macaulay（1800-1859）のことで、イギリスの歴史家、詩人、政治家。歴史書「イングランド史」の著者。

と同じ理由で、校正ではコンマを消し去るのが正しいでしょう。語の並べ方によってポーズを取らせることをせず、コンマをつけるだけでは、無念の敗北感を味わうことになります。もし、最初に思いついたメッセージに対して、薄っぺらな表現や有用なイントネーションを無理やりつけさせられない表現しか見つからない場合、作家はもっとうまくいきそうな別のメッセージを思いつくことを信じて、最初からやり直さなければならないのです。（どうされたのですか？まさか、あなたは・・・。—作家は、少なくとも2つのことを同時に伝えるために自分が述べる内容のことは気にしないということなのですか？まあ、ということは、・・・・・・。ああ、気にしないでください。ちょっと頭痛薬を飲んだ方がいいみたいです。そして、・・・）

　作家は、ある特定の長さの文章の中で、ある特定のメッセージを完結させるという二重の課題に取り組もうとするたびに、敗北感を味わうことになります。最も重要なメッセージについては、少なくとも少しだけ延期する方が賢明です。というのも、そうすれば、そのメッセージは、その間ずっと文章全体に浸透するのです。そして、抑えられたメッセージやその曖昧さにかすかな期待を持たせるのです。計画的にそれをやりとげるのは難しいのですが、成り行きに任せるのは簡単です。ただ延期すれば、いずれはそうなるのです。（良い文章は計画的には書けないというのですか？—『大鴉（The Raven）』という作品を信じるのは構わないですが、この作品について書かれたポーのエッセイは信じないでください）

　ささいなことでも計画的に行うことができます。例えば、先ほどの質問にYes; という答えが返ってきたら、次のような意味が考えられます。（1）彼らは自分たちの言っていることが分かっています。（2）彼らは知らないと私は思っています。（3）かわいい4歳児が尋ねる答えられない質問をしています。私は（その答えられない質問に対して）適当に答えますから、それに満足して外へ遊びに行ってくれることをお願いします。（いいですねぇ。—ありがとうございます）

　もう少し複雑な例としては、少し前にあった質問に対する答えがあります。

読者の側のイントネーションに完全に左右されるように計画されているため、読者は全く自分の好きなように解釈することができます。少なくとも8通りの解釈が、アクセントをどの音節に置くかによって与えられるのです。以下に掲載してある印刷版では、選択された単語の発音を強調することができないので斜字体で示されているのですが、これは単に読者のためにその選択肢を示すためなのです。

How should I know what I can *mean* when I don't even know ...

How should I know what I *can* mean unless I try?

How should I know what *I* can mean when I don't know what ...

How should I know *what* I can mean—quite a lot so far!

How should I *know* what I can mean when I feel I must guess?

How should *I* know what I can mean—ask the experts!

How *should* I know what I can mean if not this way?

How should I know what I can mean? You shall teach me.

　ここに示された文は「検討中の文章の意味」と「今再検討中の文章の意味」のどちらも表すので、2倍の16通りの意味を表しています。また、よどみなく流れるような文がすべてここにあげられているわけではないし、流れるような文の中にも曖昧なものがあるかもしれないので、その何倍にもなります。（かなり曖昧ですね。―曖昧であることを認識できますでしょうか？いや、失礼しました）

　いいえ、ここにあげられた文は曖昧ではありません。曖昧なことは失礼なことなのですが、この文は失礼なことではないのです。それは、もうすでに見た2つのスタイルを考える時に「失礼なことではない」と言われていたものと全く一緒なのです。この曖昧さこそが、フローズン・スタイル独特の丁寧さなのです。書き直しをする人は読み手に1つのメッセージだけを無理に理解させようとはしないのです。（また、曖昧さですか！ああ、もうだめです。―まあま

あ、リラックスして楽しんでください）

　例えば、この青ひげ[51]という作品では、読者の母親が言ったに違いないと思われること—つまり、広大な城にあるすべての部屋のドアを1つを除いて開けてもいいということ—と非常によく似たことを読者に伝えています。もし、そうではなくて、青ひげが自分の留守の間に、彼女に自力で探し回るように説得したとしたら、それは曖昧なことであり、失礼なことなのです。（青ひげ、そしてロチェスター[52]ですね！—その調子です！さらに読み直しをしてみてください。）

　書き直しをする人は、読み返しをする人を自分と同じように人間的な人として扱います。読み直す人も書き直しをする人と同じように利益を得るのが当然なのです。読み返しをする人は、読者ならそうでなければならないのですが、言葉で表現できることしか理解できないと感じています。いずれにしても、文学的な作家がメッセージを込めることができるのは、読者が独創的に発見するものの中にだけなのです。非常に曖昧な文章において、作家は最も徹底しています。読み返しをする人が自由に最も有益なメッセージを読み取れるようにする時、作家は自分の任務のことに最もよく気を遣っているのです。（でも、それでは不安になりますわ！—あなたは、私がどう感じているかお分かりですか？）

　書き直しをする人のもう1つの任務は、政治家が当選することが第一の任務であるのと同じように、最初の魅力を読者に提供することなのです。書き直しをする人は、同じ価値のあるたくさんの魅力を提供する必要はないのです。というのも、読者の中には、城の中を歩き回る時より、その前に城に攻め入る必要がある時の方が、より利益を得るような人がいるのです。そのような人から対極にあたる人、例えば、地表にある金（きん）だけしか欲しがらず、100万

---

(51)　『青ひげ』（*La Barbe Bleue*）は、シャルル・ペロー執筆の童話。また、その主人公の呼び名。

(52)　『ジェイン・エア』は、『青ひげ』のテーマを大人向けに扱った英文学で最初の作品で、登場人物のロチェスターが秘密の部屋に狂人の妻、バーサを隠していたのが、『青ひげ』に登場する屋敷の当主である青ひげに似ている。

ドルを得るために1日も自分自身で発掘しようとしないような人まで、読者は
広範囲に広がっているのです。作家は、私たちが社会的なグループをなすよう
に、この責任という物差しの長さに沿って読者という仲間を選ぶことができま
す。（私は一生懸命努力していますが・・・―他の作者の本を読んでみてくだ
さい。キャンディダ[53]）

　しかし、物差しがあっても、どちらが上なのかが分からなければ意味があり
ません。この文を書いている私の選択では、上というのは文章と感情が生まれ
るところで、十分な能力がある読者によって、この2つが同等に再考する価値
のあるものになり、全体的な内容の深さは、一生をかけて再考するのに必要な
ものになるのです。読み返しをする材料としては、ゲティスバーグの演説[54]
は内容的に十分に深いものです。また、ロバート・フロスト[55]でも十分だと
思います。そう、十分だと思います。きっとね。どれだけ役に立つのかに関し
ては、この回答者である私はまだそれが分かるほど長くは生きていませんので
はっきりとは分かりません。（ということは・・・？―キャンディ、見かけと
同じように若いことを願っています。）

　さて、優れた文学的な形式はどういうものかという問題がありました。それ
を率直な質問として取り上げましょう。ただし、それは「良い文章」という意
味ではないとします。答えとしては、優れた文学的な形式というものはなく、
文学的に見て優れた形式しかないのです。丁寧さに関わる問題にすぎないので
す。（あっ、そうなのですね・・・ありがとうございます！）

　優れた形式とは、相手に気楽に接してもらえるような文章のことです。だか
らこそ、文学は人のことを扱い、最高の文学は人のことだけを話題にするので

---

(53)　キャンディダはバーナード・ショウの同名の戯曲の主人公の牧師の妻の名前。
(54)　ゲティスバーグの演説とはリンカーンが1863年11月19日、ゲティスバーグ国
　　　立戦没者墓地の開所式で行った演説で、南北戦争は民主主義擁護の戦いであるとし
　　　「人民の、人民による、人民のための政治が永久に地上から消え去ることがないよ
　　　うに」と述べ、民主政治の理念を明らかにした。
(55)　ロバート・フロスト（Robert Lee Frost, 1874-1963）はアメリカ合衆国の詩人。
　　　作品はニューイングランドの農村生活を題材とし、複雑な社会的テーマや哲学的
　　　テーマを対象とするものが多く、大衆的人気も高かった。

す。導入部分では、主人公がどんな家でどんな仲間と遭遇するのかを読者に伝えなければなりません。そしてそれ以降は、主人公は間違った家に迷い込んだり、間違った仲間に会ったりしないようにしなくてはいけないのです。悪ふざけをする人の家でくつろげるような人だけを招待客として選ぶのであれば話は別ですが。（―今回は、お礼を言わなくていいですよ）

　人を招待する時には、「黒いネクタイで」とか「スポーツウェアで」と伝えましょう。また、その人を多彩な仲間に紹介しましょう。でも、夜の間に、その仲間を別の仲間と入れ替えないようにしましょう。その人が朝食をとる時に全く知らない人たちばかりと一緒になることのないように。あなたは共同体の一員ですから、何をすべきか分かりますね。（ああ、本当にそうしたいと思っていますが・・・―頑張ってくださいよ。あなたの味方ですから）

　定義：文学的に優れた形式とは、読者が気楽に接することができるものならどんなものでもいいのです。詳しくは後ほど述べます。（あ、ちょっと待ってください。正しい綴り字が良い形ということでよろしいでしょうか？―それでいいと思います。理解できるというのならそれでいいです。私もそう考えたいと思いますが・・・）

Ⅵ　最高級のバター⁽⁵⁶⁾

・・・最近、全く眠れないのです。心配事があるからかもしれません。母が亡くなってから、私には生きがいが２つしかなくなりました。ところが、今、その両方ともが完全になくなるかもしれないからです。ベイブ（特にプライベートでは、そう呼ばれることを嫌がっていますが、なぜプライベートでそう呼ばれる方がいやなのか分かりません—本当にもう赤ちゃんではないのですから）には、スティーブンと結婚してほしいのです。スティーブンは非常に前途有望な若者だと思います。少なくとも私たちの誰かがいるところでは、彼がそのような話をしているのを聞いたことがありません。でも、先週、スティーブンがベイブを容赦なくからかっているところを見かけたのです。明らかに、スティーブンはベイブが腹を立て、自分の育ちのことを忘れ、スティーブンを徹底的に叱りつけるように仕向けていました。スティーブンは逃げようとしていて、別れる時の責任を取りたくないのをベイブは理解していないようなのです。そのことを考えると気分が悪くなります。どこでスティーブンに代わる人を見つければいいのでしょうか。もう１つの悩みは、私の英語のクラスで最も下品な（この表現が場違いに聞こえることは分かっているのですが、頭が混乱していて適当な言葉が見つかりません）３人の学生が、私がずっと好きだったポーシャのスピーチ[57] のパロディを作っているのを見つけてしまったことです。まったく！自分の生徒にシェイクスピアへきちんとした敬意を持たせることができないなんて、英語と文学の教師として、時間を無駄に使っているとしか思えないのです。でも、この歳になって、転職なんてできませんわ。私に

(56)　この章の名称は THE　BEST　BUTTER となっているが、これは Alice's Adventures in Wonderland の第７章の A Mad Tea-Party で、帽子屋（the Hatter）に３月うさぎ（March Hare）が懐中時計の日にちが２日もずれていることを述べて、「最高のバターを使ったのに」なぜうまくいかないんだと不満を言う場面がある。つまり、ある尺度では最高のものであっても、その使い方を誤るとうまくいかないということを背景にして「最高のバター」という章の名前をつけたと考えられる。

(57)　ポーシャのスピーチとは、シェイクスピアの『ヴェニスの商人（The　Merchant of Venice）』の Act 4, Scene 1.で法学博士に化けた美女ポーシャが行ったスピーチのこと。　名判決で有名な喜劇。

手紙を書くように、マーティン[58]を説得してもらえませんか？マーティンの手紙は、一見すると失礼な感じがすることが多いのですが、読み返しをしてみると、なぜだか分からないのですが、不思議と心が落ち着くのです。・・・学位論文を書いていた頃に戻ってみようかと思っています。新しい帽子を買おうかしら。昨晩、髪を洗ったのですが、いつものようにはうまくいきませんでした。

　何ということだ！（For crying out loud!）[59] どうされたのですか？お母さんは何も教えてくれなかったのですか？二人が結婚したら、あなたは大喜びするでしょうね。スティーブン（Stephen）はほとんど甥（nephew）という語を逆に綴ったようなものですからね。いや、気にしないでください。そもそも理由は何でもいいし、スティーブンとベイブのことは、スティーブンが問題のない男性だから賛成ですよ。でも、あなたが心配しているのは、スティーブンがベイブをからかっているからでしょう。でも、本当にあなたが心配しなければならないのは、スティーブンがコサージュを、よく吟味せずに値段で判断してベイブに買ってあげたり、ナイトクラブのダンスパーティに連れて行くために運転手つきの車を借りたり、うわべだけの丁寧さでベイブをもてなしたり、そして、ベイブを狼のような男に引き渡して踊らせている間に、スティーブンがダンスの相手のいない女性のところに行き、最も好きな話題（化学についてでしょうね）で会話を始めたり、まるで無意識であるかのように（おそらくそうでしょう）巧みに話を切り替えて、その女性が眼鏡を外すほど怒るようなことが起きるかどうかということです。もし、そんなことになったら、一家に不幸をもたらすことになります。というのも、他に若い男性がいないというのではなく、妹さんをからかいたいと思う人がいなくなってしまうかもしれないからです。そしてまた、あなたが心配しているのは、学生たちがポーシャのスピーチのパロディを作って、競い合っているのを見たからでしょう。でも、それは

---

(58)　マーティン…この本の著者である Martin Joos のことを言っている。

(59)　原文では For crying out loud! という表現を使い、III 章（p.27）で説明した「死んだ俗語」の復活の例として実際にここで使っている。

手放しで喜ぶべきことです。生徒たちが中学校時代の先生が要求していたように シェイクスピアに敬意を払っている限り、なるべく早い段階でシェイクスピアの勉強から逃げ出す可能性があることを知っていないとだめなのです。でも、もし生徒がポーシャのスピーチで遊び、'strained'（緊張している）を 'restrained, Honey'（再緊張しているよ、ハニー！）に変えるようになったら、あなたは賢明だから次のような事に気づいてほしいです。ポーシャが彼らを夢中にさせ、遅かれ早かれ、気にしなくていいのですが、平均的にそんなに長くかからず少なくとも気がつかないうちにポーシャの言いたいことがわかるのです。そして、もし生徒たちの中に言語学者がいたら、あなたが退職した後、訪ねてきて、「拘束された、制約された」という意味の 'strain' は、「かわいい」という意味の 'acute' と同じだと、きちんとしたギリシア語由来の用語を使って、熱心に説明してくれることだろうと思います。あなたは、このパロディ化が引き起こすものが無限にあることを恐れているようですね。まあ、そんなことが無限にあることにむしろ感謝すべきですよ。将来化学者になる生徒の1人や2人を詩人に作りかえたり、あるいは化学者の仕事をしながら詩を楽しむように（私は両方が混ざっている方が好きですが）する力を持っています。第2のシェイクスピアを生み出すかもしれません。限界なんてありませんよ。クリスマスに我が家を訪ねてくるなら、ベイブを連れてきてくれますか、それともベイブはスティーブンのそばを離れたくないでしょうか？ 私たちはクリスマスの賛美歌を、そのハーモニーを楽しむためにお気に入りのものを介して歌うことになりますが、ここで正確に引用できる賛美歌をあげることができます。でも私がここで引用するのは、今は聖職者となった若い問題児（あなたのお母さんなら scamp（わんぱく坊主）と呼んだでしょうね）から聞いたパロディです：「そのバーで、そのバーで、初めて葉巻を吸いました、すると心の重荷が消え去った。その時、偶然、日曜礼拝用のズボンが裂けて、今では毎日履いています」[60] 今でも毎日履いているのは、若い頃にほど良く裂けたからだと確信

---

(60)　この原文は、'At the bar, at the bar, where I smoked my first cigar, and the burden of my heart rolled away! It was there by chance that I tore my Sunday　↗

しています。目に見えないように繕ったわけではないのです。彼は優秀な聖職者で、うちの学校の用務員は彼が救ってくれた（元）酔っぱらいなのです。そして、そのパロディが私のためにも賛美歌を救って（いや、台なしにしたとも言えますが）くれました。というのも、フォーマルのものよりも良い詩だからです。そういえば、私たちもパロディを・・・・・・。

・・・水道水にフッ素を添加するかどうかの市民投票は、残念な結果となり・・・また頭痛がしだして、頭痛のことを考えると悪化するばかりです。母は頭痛に悩まされていましたので、私も時々思うのですが・・・。私はその状況（スティーブンはそう呼んでいますが）を読み取りました。でも、どこでそのような頭痛の原因を手に入れるのでしょうか。不思議なことに、スティーブンは悩んでいます。原因は、その状況のせいなのか、はっきりとは言えない私の臆病さによるものなのかは分かりません。男子生徒たちは気にしていないようです。というのも、リメリック（滑稽五行詩）に取り組んでいるからだと思います。ルバイヤート（Rubayya）[61] の形式は期待できるのではとあえて言わせてもらいます。・・・あの教育長がまたここに来ました。今回は新たな苦情を私たちに言ってきています。少なくとも、私たちはそれが新たなものだと思っていたのですが、後になって、今年、すべての学校で同じ問題を訴えて来ていることが分かったのです。教育長は中学と高校の全ての授業を見学した

↘ pants, and now I wear them every day.' となっている。もとは賛美歌 At the Cross
    である。
    At the cross, at the cross / Where I first saw the light / And the burden of my
    heart rolled away / It was there by faith I received my sight. / And now I am
    happy all the day.

(61) Rubayyat というのは rubaiyat とも綴られるが、その名前は、アラビア語で「四
    行詩」を意味する単語の複数形、rubá'iyah に由来している。ルバイヤートはアブー
    ル・ハッサン・ロデキという名前の非アラブ系の詩人によって作られた。しかし、
    ルバイヤート形式はその後、ペルシャの偉大な詩人、天文学者、哲学者、数学者で
    あるオマル・ハイヤーム（1048-1133）によって栄光の高みへと導かれた。

後、校長のところに行き「なぜ12年生⁽⁶²⁾の生徒が9年生と同じように話すのですか」と尋ねたのです。教育長は、3年間、生徒に全く英語を教えていないのかどうかを知りたいと言っています。小学校ではあんなに上達しているのに、中学校に入るとスラングを話し始め、すべての進歩が止まってしまう。中学校に入るとすぐに、それまでに教えられた良い言葉づかいはすべて忘れてしまったようになる。生徒たちは中学校と高等学校の両方からスラングを身につけ、それ以外はわけの分からないことをぶつぶつ言ったりぺちゃくちゃ言ったりするようになる。つまり、男子はぶつぶつ、女子はぺちゃくちゃ話すのです。それはもっともな指摘だと思っています。というのも、私は8歳の子供たちが言葉をつっかえずにはっきりと話すことを、常々すごいなあと思ってきたからです。もちろん、まだこちらが望んでいるようには話すことはできませんが、子供たちがどう表現していいか分からないことはほとんどなく、何を言おうとしているのかはいつもはっきりと分かります。私は3年生担当の先生方をいつも羨ましく思っています。何はともあれ、校長先生から報告書の作成を依頼されましたが、どう報告すればいいのか悩んでいます。校長先生は優しいので、私は心配していませんが、教育長には何と言えばいいのか困っています。・・・先日、なかなかいいリメリック（滑稽五行詩）を耳にしました。クリスマスに、あなたの奥様にそれを話すためにぜひ覚えておきましょう。今のところ、その詩の最も魅力的な部分を省かずに書き留めるほどの編集力は私にはありません。この歳になるとですね、・・・。今日は頭痛がしませんでした。教育長のせいできっと頭痛がするだろうと思っていたのですが。

　教育長には何も言っても効果がありませんよ。教育長はその仕事に就く前に、まず金色の印章が付けられた権威のある書類を受け取らなければならなかったのです。その書類は教育長が人から意見を言われる筋合いがないことを証明しているのです。しかし、自分で話を整理しておけば、その種の新たな問

---

(62)　12年生…アメリカの公立学校の学年は幼稚園以降12学年に分かれている。12年生は、日本の高校3年生にあたる。

題にも、それなりに対応できる可能性があります。心配しなくても、いざという時に何をすればいいかは直感で分かるでしょう。どちらにしても、今までうまくやってきたのですから。でも、あなたがどういうふうに処理したのか、後で手紙で教えてほしいのです。女性の心の動きにはいつも興味を持っていますので、自宅でたくさんの情報を手に入れるべきなのですが、（キャンディダさん。あなたは、今、私の家族以外のお気に入りの情報源ですので）どこからの情報でも歓迎です。

　何から話を始めるのがいいか分からないのですが、こんなことは今まで一度も問題になったことがないので、6人姉妹のうちの4番目の妹の話から始めます。1歳3か月の時、妹は英語がすでに姉妹の平均よりもうまくなっていました。（そして、私たち兄弟姉妹は全員、つかまらずに歩けるようになるまでに話し始めていた）ので、この言葉はきちんと学ぶ価値があると判断したようでした。我が家では、微笑むことができるようになった幼い子供には赤ちゃん言葉を使わず、1つの節しか使わない文で7歳程度の語彙を使い、大人の使う英語をはっきりと適度な速度で話していました。つまり、言葉にも相手にも敬意を払って対応していたのです。妹は現在、食品化学者で、立派な母親になっています。あなたが知っている妹は、小さな赤ちゃんの頃ではなく、5歳くらいが初めてだと思います。その頃には、年上の子供のところに、他の二人以上の子供たちと一緒に来て、年上のリーダーの質問の答えを無表情で聞き、仲間が遊ぶために一緒に走って行くのを一人で見送り、20分後にようやくきちんとした質問を持って一人で戻って来たと思います。そして、また仲間と合流したと思います。1歳3か月の頃にも、まさにそんな感じでした。では、その頃、何をしたと思いますか？いや、考えなくてもいいですよ。私が教えてあげますから。きちんとした数は分からないですが、100人に1人くらいの割合で、そんな赤ちゃんがいるようです。もっとも、妹のように長い期間そんなことをするのはほとんどないようですが。妹は全く話さなかったのです。2歳9か月になるまでの1年半、一言も話しませんでした。その時、妹が口に出すのは、お決まりのつぶやきだけで、それを絶妙に使いこなしていました。一人でいても

74

何も話さないと判断し、パパとママは一瞬不安になったのです。でも、手作りの理解力テストをやらせて、すぐに安心したのでした。私の記憶では、私たちは妹がおそらく２時間ほど内斜視用眼鏡をかけていないことに気づき、夢中になって眼鏡を探しましたが、結局、私が妹に２人で話し合うことを申し入れ、その２時間の間にこんなことをしていたのではないかと私の考えを話し、（あまりに急いでいたため歩いて行けず）素早くはって行く妹の後を気楽について行きました。２つの部屋を通り抜け３つ目の部屋に素早く忍び込み、窓辺のところで止まって立ち上がり、カーテンの後ろの、２時間前に眼鏡を置いた正確な場所に、目もくれず自信を持って手を伸ばしたのです。妹は眼鏡に傷をつけるかもしれないことをしようとしていたのです。それが何だったのかは分かりませんでしたが、妹が眼鏡を外していた理由が、あっさりと、明らかになったのです。その時、妹はまだ１歳半にもなっていませんでした。

　飛行機に間に合うために急がなければならないので、続きはまた後で聞かせてくださいよ。

　日本人の詩人についてのリメリック（滑稽五行詩）を、最近知りました。もっともこの詩は何年も前から流行っているそうですが。

A certain young man of Japan

wrote verses that never would scan;

　　and when they asked why,

　　he replied, 'Because I

arways try to get as many words into the rast

　　rine as I possibry can.'[63]

　ある日本の若者

---

[63]　この詩は日本人が英語で“r”と“l”を混同することや韻律を理解していないことを皮肉って書かれている。

韻律外れた詩を書いた
理由を聞かれ
答えて曰く「最後の行に
なるだけたくさん語を詰め込みたいのさ」

　私の担当の生徒の中の、お気に入りの問題児に読ませてみました。でも、な
ぜそんなことをわざわざしたのか自分でも分かりません。というのも、彼はま
ずフットボール選手になり、その後保険のセールスマンになると確信している
からです。彼の反応は不可解なものでした。疑いの目で私を見て、ずっと前に
私がしてあげた全く別のことに対して丁寧にお礼を言って、一人で帰って行っ
たのです。・・・この２週間、頭痛から解放されています。あなたの旅が快適
で成果のあるものであったことを願っています。・・・スティーブンは相変わ
らずベイブをからかっています。今では、どうも一言だけで済ますようです。
不思議なことに、ベイブもその方が気に入っているようで、調子を合わせてい
るようです。

　うまくいきましたね。でも、二人のために新婚旅行を計画してあげないでく
ださいよ。そんなことは自分たちで完璧にできることは明らかですから。
　あなたのお気に入りの問題児は、私の見たところ、年齢の近い私のかわいい
妹のような行動をしましたね。あなたは急に、彼にとっては有益だけど頭を悩
ませる存在になったのです。同時に、彼は自分の文学に対する考え方を考え直
した方がいいと悟ったのです。この組み合わせは彼にとってすぐにのみ込めな
かったので、数時間前の状態に後戻りし、逃げ出したのです。後で正しい質問
を持って戻って来るかも、来ないかもしれませんが、いずれにしても、これで
彼はより良い保険のセールスマンになるでしょう。あなたが戸惑うのも当然で
すし、義務も生じています。というのも、私の仮説が間違っているかどうか、
分かったらすぐに教えてください。でも、まあ私の妹の話をしましょう。
　妹自身が言葉を身につけたと判断した時、初めて話しかけたのが私でした。

夜の7時、私たちのうちの1人が地下室から戻ってきて、ドアを大きく開けたままにしておいたのです。妹はそこに立ったまま彼らが通り過ぎるのを見ていました。そして今度は5フィート離れたところに座っている私の方に向きました。この距離でちょうど聞こえるぐらいの大きさの声で、5歳児が話す速さではっきりと「ドアを閉めましょうか」と言ったのです。他の人には聞こえませんでした。妹が私の驚きに影響されすぎないように、（私の驚きに気づいてくれていたのならいいのですが）平静を装って、「はい、ローラ、ドアを閉めてください」と言いました。そして、家族全員にこっそりと伝えたところ、みんなはどうすべきかを理解していました。スタニスラフスキー[64]のようにうまく振る舞ってくれて、妹がいつもそんなふうに話しているかのように装い、妹に助言や情報を求め始めたのです。

　私は妹がしたことを 'imprinting'（刷り込み）[65] と呼んでいます。もちろん、この語には別の意味があることは分かっています。その意味に関係するガチョウやマキバドリについて（彼らの結婚後に、あなたはベイブに私はスティーブンに、そのことについて話すことができます。）や、写真や、UP 通信の記事や、愛国者のことや、返信された手紙のことなどについては、またいつか聞いてください。しかし、それは語の意味を自在に変えるパンプティ・ダンプティ[66] の言葉と同じように色々な意味を表す私の言葉ですので。

　あなたは、女性であるという、うってつけの立場であり教師なので、次のことを教えてください。シェリーが10歳で、先生が英語を教え始めた時、シェリーは突然、私が使う Ain't I? という表現に対して不思議なほどに批判的な態度を取るようになったのですが、他の表現については何も言いませんでした。でも、このような正しい用法とされているものがたくさんあることを私は学び

---

(64)　スタニスラフスキー（Constantin Stanislavsky 1863-1938）は、ロシア革命の前後を通して活動したロシア・ソ連の俳優で演出家。

(65)　imprinting はもともと鳥の雛が生まれた直後に見た、動くものに愛着を示すことからきているので、ここで鳥の名前があげられている。

(66)　ハンプティ・ダンプティ（Humpty Dumpty）は、イギリスの伝承童謡の主人公で、言葉の意味を自在に変えることで有名。

ました。では、なぜシェリーは他の表現に関しては、私を矯正しようとしなかったのでしょうか？さらに、他の表現を無視していることでシェリーを非難すると、本人は素直に、学校でみんなは Ain't という表現しか気にかけていないんだと答えたのです。

HOW COULD YOUR BABY SISTER LEARN HOW TO
   ARTICULATE PLEASE
SHE ALWAYS WAS A FASTIDIOUS EATER AND DRANK
   FROM BOTTLES
あなたのかわいい妹さんはどのようにしてプリーズという発音を学んだのでしょうか？
彼女は昔から潔癖で、瓶から直飲みしてました

シェリーの問題をずっと考えてきたのですが、考えれば考えるほど複雑になって来ています。でも、私の教師としての経験から、少なくとも分かりやすい 1 つの考えを提供できると思います。シェリーは自分の先生のことが本当に好きだったに違いありません。英語教師などが「悪い」と決めつけている表現や言葉づかいは多すぎてすべてを覚えられなかったのです。たった 1 つの代表的な実例—10 歳の子供にとって、Ain't という表現を使い、ボトルから酒を口飲みする父親と一生をともにすること（分かるでしょう！）以上に恐ろしいことはないと思います—を用いることによって、シェリーは、自分の父親に対してもバチェラー教授が私たち教員を呼んでいたような「親代わりの人（'loco parentis'）」に対しても、自分の義務を果たしていたのです。私は教員養成学校で児童心理学を学ばなければなりませんでしたが、簡素化されたものだったためだと思うのですが、ついていくのが難しく、今ではどちらかというとその内容をきちんと理解しているのか自信がありません。しかし、私が本当に書きたかったのは、シェリーは最も重要なものを取り上げて、すべての特有な言葉づかいの代わりにすることができたということです。そして、他のものはすべ

て潜在意識の中に隠し、必要になった時にいつでも見つけられるようにしていて、最後に、大きくなったら必ず使うと自分自身に約束することで、隠したことに対する罪悪感を和らげていたのではないでしょうか。これで分かったでしょうか？私もあなたのような文章の書き方を知りたいのです。あなたの文章の構造を図示して説明しようとすると、どう取り扱っていいか分からないものが残ってしまうことがしばしばあるのですが、[67] その文は意味が分かるのです。文法をそんなに考えないようにすると、さらにはっきりと意味が分かるように思えます。こんなことを考えるのはやめましょう。また頭が痛くなるかもしれません。・・・また、リメリック（滑稽五行詩）問題についてもずっと研究しています。というのも、そこには教師として発見すべきものが隠されていると確信しているからです。不思議なことに、私の研究は、私が見ることのできるもの、すなわち生徒たちとその行動を、興味から魅力、それをさらに昇華された尊敬の念を持って見ることだけで成り立っています。私はいつも子供たちを尊重してきたつもりですがこれはそれとは違った感覚です。今日、私は（内緒にしておいてほしいのですが）大学の図書館にこもって、新聞のファイルに載っている野球の記事を、週を追って、さらに年を追って、読みました。3時間も読めばきっと頭が痛くなるだろうと思っていたのですが、かえって教会に行ったような妙な高揚感に包まれて帰ってきました。

　昨日、この手紙を送らなかったのは、言葉さえ見つかればもっと述べることがあるように思えたからです。今日は日曜日だったので、やはり教会に行ってきました。もっとも、月に一度くらいしか行かないのですが、これは教師としては十分ではないと思います。それから、リメリック（滑稽五行詩）の問題については少し気分が楽になりました。このことと、教会に行ったこととの因果関係は分かりません。サマースクールの論理学の授業では良い成績を取れなかったくらいですからね。・・・昨晩、3時頃に目が覚めた時、どうしても書き留めなければならないと感じた文章がありました。それが何であるかを述べ

---

(67)　原文では there is often something left over with which I do not know what to do with; となっていて、この with の重複を使い、このような現象について述べている。

るのは少し恥ずかしいです。というのも、今朝書き留めたものを見たら、自分が書いたものなのに、全く理解できなかったからです。しかし、この文章には何か真実が隠されているような気がして、そのうちにそれを見つけることができるだろうと思っています。また、別の夢を見て、2つの夢を比較して共通点を見つけることができるかもしれません。ヨセフ[68] はそれをしなければならなかったですよね。ともかく、私が書き留めた文章は次のようなものです。「若者は皆、古典主義者だ。」それをあなたが勝手に解釈すればいいのです。私はもう関与しませんので。ヨセフ、私の夢の謎を解いてください！

　キャンディ、あなたのことは好きですよ！私の妻になってくれる人がいなくなったら、あなたと結婚して永遠に戸惑うことになるでしょう。だって、あなたは私のまたいとこにすぎないのですから。目を閉じてあなたの181語で書かれた説明文の読み返しをしてみると、（今のところ）1つの誤字があり、そして最後にフロイト的な疑問符がついていて、あなたが言う「単純であることの分かりやすさ」の意味が分かったような気がします。しかし、「若者は皆、古典主義者だ」というあなたの発見は、疑いもなく正しいものであり、私自身もそれを思いつけばよかった。走る前に歩かなければならない[69] とバチェラー教授もよく言っていたような気がします。さて、古典主義者である生徒たちを活躍させてみませんか？あなたにお願いしたいのは、次のようなことです・・・。

　あなたは同時に2つの問題の答えを出せたと思います。つまり、それに従って、古いデータと新しいデータを検討するための枠組みとしての役割を果たすだろうということです。宗教でさえ同じような答えを与えてくれます。それ

---

(68)　ヨセフ（Joseph）…旧約聖書の創世記に登場するヤコブの第11子。彼は無実の罪で投獄された時に、そこの二人の役人の夢を解き明かしたのが機縁となり、パロの夢も解き明かし、8年後に起こる大飢饉を予告し、重んじられて、エジプト全国の司となった。

(69)　より高度な技術や経験を必要とすることに進む前に、基本的な技術や詳細を理解したり、熟練したりする必要があるという意味。

は、シェリーの問題にもリメリック（滑稽五行詩）の問題にも当てはまる答え
なのです。これでもう、口を閉ざしてしまった幼児の話を続ける必要はないで
しょう。その上、あなたは私に都合のいい言葉を教えてくれました。私は、報
酬を得て喜んでいるコスタード⁽⁷⁰⁾と同じように、あなたの hiding（隠れるこ
と）（この言葉をしばらくもてあそんでもいいでしょうか？）という言葉に喜
んでいます。それは私へのごほうびのようですね。すばらしいごほうびです。
書き留めておきます。(it shall be a guerdon to me. Most sweet gardon; I will
do it, ma'am, in print.) ⁽⁷¹⁾ 私はそれに匹敵する別の言葉を見つけたいと思って
います。その前に、あなたにささやかな尊敬のしるしを郵送するつもりです。
ところで、あの教育長の件はどうなりました？

　あなたの贈り物には感謝していますが、あの教育長についてどう対処したか
は、あなたには言わないでおきます。私だけの秘密にしておかなければなりま
せん。あなたからの完璧で素晴らしい贈り物の帽子は、送っていただく必要は
なかったのに。でも、受け取りを拒否することはできませんでしたので、も
らっておくつもりです。あれをずっと大事にして、国の行事の時にだけ身につ
けることにします。行事に関しては（英語原文の there are という表現は良い
表現なのでしょうか？⁽⁷²⁾）、幸いなことにこれからの季節に適当な数のものが
あって、共同体全体が堅苦しくなりますが、どの人も相変わらず気楽に打ち解
け（unfreeze）ます。（unfreeze という英語の単語があるかどうかは分かりま

---

(70)　コスタード（Costard）は、シェイクスピアの戯曲『恋の骨折り損』に登場する
　　　滑稽な人物。
(71)　この部分はシェイクスピア『恋の骨折り損（*Love's Labour's Lost)*』のコスター
　　　ドの以下のセリフをベースにしている。Costard. Gardon, O sweet gardon! Better
　　　than remuneration, elevenpence-farthing better. Most sweet gardon! I will do it,
　　　sir, in print. Gardon! Remuneration! (3.1.148-50) = Gardon, Oh sweet gardon! Way
　　　better than a remuneration, eleven-pence farthing better actually. Most sweet
　　　gardon! I will do it sir, just as you asked. Gardon! Remuneration!
(72)　原文には、state occasions, of which there are fortunately a suitable number in
　　　the coming season と表現していて、'a suitable number' が続くのに 'there is' でな
　　　く 'there are' という表現を使うのが正しいかどうかを自問している。

せんが、あなたは気にしていないようですね）。このことについてベイブに話してみたら、説明しないといけないような、非常に奇妙な表情をしました。あなたからいただいたこれまでの手紙の読み返しをして、ベイブにその手紙について要領を得ないような分かりにくい説明をしてしまいました。すると、（あなたには、このことをお伝えしなければなりませんが）ベイブは少しリラックスして次のように言ったのです。「男性から衣服の贈り物を受け取るには、多分、あまりに年齢が高すぎると思いますよ。でも、毛皮の帽子（キャップと呼ぶべきでしょうか）は、そもそも、衣服とは言えないでしょう。」ベイブは私にそれをもらっておいて、あなたにネクタイを贈るようにと助言してくれました。ベイブはネクタイをクラバットと呼んでいましたが、今まで彼女が使ったことのない単語でした。ベイブが私をからかうことを恐れないのは嬉しいことですが、「年齢が高すぎる」というのは本当に口が滑ったのでしょう。私がいまだに彼女のことをベイブと呼ぶ理由の1つは、全体的にはとても大人っぽいのに、物事がどのように見えるか、どのように聞こえるかを徹底的に確かめるという、子供じみた方法をまだしているからかもしれません。きっと、あなたにも分かると思います。それは、額縁を2隻の船に、さらに箱に、また、より小さくてきちんとした額縁に、そして最終的に（after all）、帆を張ったり下ろしたりできるコロンブスの船にと、折っては戻し、変えていく折り紙遊びを思い起こさせます。なぜ私は「最終的に（after all）」を使ったのでしょうか？自分でもよく分かりません。結局ね（After all）！さて、私は真っ先にあなたに似合うネクタイを見つけなければなりません。それは難しいことではないでしょう。というのも、あなたはいつも白いシャツを着ていますよね？白いシャツは、何かが書かれるのを待っている白い紙を連想させます。（文尾の前置詞はどうやって取り除いたらいいのでしょうか？ [73]）・・・問題児たちに対するあなたの提案は、おそらく問題ないでしょうが、それを保留にしておきたいと思います。来年も同じようなことが起こるだろうと思われるからです。私はあ

---

[73] 一般的に、文を前置詞で終わらせるのは良くないと学校で教えられてきたので、このように述べられている。

なたよりも男子生徒のことをよく知っていると思います。だから、多分、私の判断が正しいと思います。いずれにしても、私は今までと全く違ったやり方で、対処することにしました。教育長に見つかっても校長先生は、私を支持して（back up）くれるでしょう（私があたかも自動車と同じ扱いをさせるように[74] 聞こえるかもしれませんが、全然気にしません）。男の子は両親をうまく言いくるめる能力があります。彼らができないなら、誰もできないでしょう。そこで、まずセミナーとはどういうものかをさりげなく伝えることで、彼らに準備させました。その間、他のことを話しているように見せかけることに最善を尽くしました。それを1週間前に行いました。今日から3日間、3冊のポール・バニヤン物語集を彼らの前に並べ、それぞれの本の中のどの話が本物で、どれが作り話かを判断する手伝いをしてもらおうと思っています。つまり、もし可能ならば、どの話が偽物であり、どの語がニューヨークや他の国で作られたものであるかということを彼らは話してくれるでしょう。いずれにしても、彼らの文学的嗜好や判断基準については、それが全員同じでなかったとしても、多くのことを学ぶべきだと思っています。そのことに関して、私には不思議な感覚があります。彼らがすることは、驚くべきことなのですが、自分たちが何をしているのかを知っているから大丈夫だろうと感じるのです。ベイブにそのことを話したら、本当に不思議なことを言ったのです。何と言ったのかは、わざわざあなたに言わなくてもいいかもしれないのですが、とにかく言うことにします。「結婚を控えている人の気持ちと同じね」と言ったのです。理由は分からなくても、正しいことをしているんだという気持ちも含めて。あー、もう、あきらめたわ！とベイブがスティーブンに言ったのを聞いたことがあります。ああ。いや、ベイブは間違ったことはしないでしょう。さようなら！（Moritura te saluto!）[75]

---

(74)　自動車と同じ扱いというのは、back up という表現が車でも使われ「（車を）後退させる」という意味を持つため。

(75)　この Moritura te saluto!（これから死に行く私はあなたに敬意を表します！）は Good-by の意味で使っている。

ところで、あの教育長についてどう処理したのかは、教えてくれませんか、繰り返しになりますが、本当に教えてくれないのですか。カバのことを考えないように言われて少しの間でもカバのことを考えないようにしたことがありますか？私は次の健康診断を受けないことにします。医者に高血圧だと言われるのが怖いし、この機会を逃したくないのです。こんなことは結婚前以来初めてのことです。確かに、最近まで白いシャツばかり着ていました。そうすれば、何色のシャツを着ようかと考える必要がなかったからです。でも、少し前にその考えを改め、すぐにテレビシャツと呼ばれる水色のシャツを数枚買ってきました。というのも、それを着ていればキラキラと眩しく目を眩ませることがないからです。次はあなたの番ですよ。あなたはすべての手紙のコピーを保存していると思いますが、最後のセットは読み直さずに燃やしてしまうことをお勧めします。もし、すでにそうしたというのであれば、私の方の写しを細かく千切って、そしてよろしかったらパルプの状態にまで戻しますよ。私は印刷されたものや書かれたもの、そしてタイプライターで印字されたものでさえ燃やすのは好きではありません。どんな時にそんなことができるのかを教えてほしいです。いいえ、ベイブの言ったことが原因でこう言っているのではありません。シェリーがその年齢になった時に、ベイブと同じように成熟していることを願うばかりです。間違いなく、シェリーがスティーブンと同じような男に出会うかどうかによるでしょう。あなたの手紙全体のメッセージやスタイル、そしてそこに隠れているものについて述べようと思います。句読点の位置を何度も変えてみたり、色々な単語に下線を引いてみたりしてみてください。そして、夢の物語に戻って、綴りをチェックしてみてください。おそらく、そんなに長くかからないうちにモンスターのような問題点を攻略できるでしょう。そうでない場合は、その旨を書いた手紙をください。あなたを驚かせることがあるかもしれません。

I DID NOT REPEAT NOT DESTROY THOSE DARLING
　　LITTLE MONSTERS

あの愛すべきモンスターたちをやっつけろなんて、絶対に言ってませんよ

　それでは単刀直入に言いましょう。ミス・フランケンシュタイン。ねえ、問題はあなたの中に作家がいて、さなぎから抜け出そうともがいているということです。一人でやるのを手伝ってあげましょう。あなたの病気は、昔は霊感があるとか、悪魔に取り憑かれているとか呼ばれていたものです。

　治療法は普通の病気よりも厳しく、そしてより楽しいものです。その気になれば、一人でできるでしょう。でも、私はぜひとも協力したいと思っています。もしよろしければ、真夜中に樫の木の下でお会いして、私たちの混ざった血で契約を結びましょう。(76) 最初にしてもらいたいのは、あなたについて知ったことを使用するのを許可してくれることです。私はそれを悪用しないことを約束します。今となれば、それは簡単なことです。治療法について私が言いたいことが分かりますか？使用許可をお願いします。細かいことは後回しにしましょう。

PLEASE REPEAT PRETTY PLEASE I HAVE MADE MY LAST SHALL
お願い、たってのお願いです。

　これが最初の宿題です。あなたの論文の中に、2度以上書きかけてやめた専門的な論文がありますね。ほとんど偶然に手に入れた情報を、かなりの数の人々に惜しみなく与え、それを読んだ後に、今までより賢明な行動をしてもらうために書かれたものです。要するに、人を諭す必要があっただけですね。そうでしょう？言葉づかいを確認してみてください。使われている語はすべて意図的に選ばれていますね。しかも、それぞれに関して重要なポイントがたくさんあります。全部で16あります。すべてあなたの手紙から取り上げました。お分かりだと思いますが、あなたはとても複雑な方なので、自分の役割をきち

(76)　「血で契約する」というのは悪魔に魂を売ることを意味する。

んと果たすためには、（好奇心旺盛なヒキガエルによって動けなくなった寓話の中のムカデのように）(77) 自分自身を信じることが一番です。あなたに自己分析を求めているのではありません。あなたのために分析をして、それに合った処方箋を作ったのです。さあ、次のチェックリストを片手に問題点を見つけ出してみてください。

1）専門的ですか？専門的という語を恐れてはいけません。単に参照枠（根拠）を持っているかどうかということを言っているだけなのですから。

2）文章になっていますか？文章を仕上げる前ではなく書き終えた後に、（祈っていたように）自分の意見がはっきり述べられていて、首尾一貫しているかどうかを確認してください。

3）書き始めていますか？ただ単にあることについて書きたいと思っているのだけではなく、実際に書いてみることが重要です。

4）すでに書いていますか？2つ以上の連続した文章を頭の中で構成しただけさえも（きちんとした場所で）、書いていることになるのです。

5）2度以上書いていますか？紙の上に一度だけ書いただけでも書いたことになります。（その前ではなく）その後に、少し時間を置いてからさらに頭の中で文章を書くと文章が改善されます。

6）目的を持って書いていますか？ただの暇つぶしではありませんので。

7）無償のものでしょうか？愛情以外のもの、報酬や地位や権力や栄光などのために書いているのではないでしょうね。そして、その愛情というのは、あなた自身の愛情という意味だけを表しています。その愛情に対して相手のことを愛情が返ってくれば嬉しいでしょうが、相手に答えてもらうことを書く動機としてはいけないのです。

---

(77)　ヒキガエルとムカデに関しては、ドイツの詩人グスタフ・マイリンクが書いた『ムカデのダンス』の中で、ダンスが得意なムカデのことを面白くないと感じたヒキガエルが「たくさんある足のどの足の次にどの足を使うのですか」と聞いたら、ムカデはダンスが全く踊れなくなったという話。

8）かなりの人数を想定していますか？考えてみる価値があります。1人で
もいいのですが、その場合は、印刷物でしか伝えることができないと思われる
人や、ロンドン・タイムズの個人消息欄のようなものや、印刷物でしか伝える
ことのできないパラレル・ワールド（つまりSFの世界です。男子生徒たちに
聞いてみてください）に住んでいる人でなければなりません。

9）人をうまく描写していますか？自分自身をじっくり見て眺めてください。
人をうまく描写するにはこの方法しかありません。この鏡の中の自分を認識で
きるのはあなただけなのですから。

10）確信を持って書いていますか？書いている時には書いている内容に確信
が持てないかもしれませんが、文章を書き終えると、その中に書いたことに関
して確信を持てるようになるでしょう。それ以上に、どんなに古い考えや新し
い考えであっても、その文章の中に盛り込むべきかどうかが、すぐに分かるよ
うになるでしょう。

11）情報を与えていますか？情報というのは、感情や人格などについてでは
なく、情報相互の関係や、宇宙の中心が情報の重心となるように、ある種の関
係を表す点のパターンにすぎないのです。だから、当然のことながら、情報間
の繋がりを述べることでしか情報について提示することができないのです。少
なくとも現時点では、点同士の繋がりを頼りにするのです。あなたは、人物
や感情についてしか書くことができないと言われるかもしれませんが、当分
の間、私を信頼してください。細かいことについては成り行きにまかせるの
です。前に扱った（1）「参照枠（根拠）」と（9）「人をうまく描写していますか？」を参照してください。言い換えますと、パーソナリティ（性格）からア
イデンティティ（個性）を取り去ったものが情報ということになります。

12）ほぼ偶然でしょうか？何かを発見した場合、発見の大きさに関わらず、
ほぼ偶然であると感じるでしょう。このことで、あなたは謙虚になり、何かを
発見したことを誇りに思うことはできませんが、その情報を伝えることを常に
誇りに思ってください。そして、自分がどのようにして発見したかを伝える
と、その情報で、その人たちも自分自身で何かを発見できるほどになるので

す。

13）手に入れているのですか？もしあなたが他の場所にいたら、おそらくこの熱々の芋のような重要な情報を入手することはなかったでしょう。情報を手に入れているなら、それを他の人に伝えなければならないのです。そうでないその情報が爆発して無にかえることになるでしょう。

14）行動を起こしますか？ただ単に感じるのではなく、何かをすることが必要です。そうすると、読者の周りの人たち（その人たちに焦点を当てることができないようですが）は、あなたの観点からすると、ただ感じるだけでいいのです。書き手にとっては、その人たちはあまりにも実態がつかみにくく、遠い存在で、重要ではないからです。今、あなたが一生懸命考えなければならないのは、読者が行動しなければならないということです。もちろん、読者がその文章にどのように反応するかは自由なのですが。というのも、最終的には、読者が行動することを書き手自身が行動すること以上に、書き手は信頼することになるからです。

15）さらに賢明に？あなた自身が賢くなったと思える方法を知らないかもしれないですが、あなたの「双子」だと考えることができる読者（「人をうまく描写していますか？」の項を参照）があなたからの情報を受け取れば、驚くほど賢くなり、世界が全く違った場所になってしまうでしょう。（この願いは利己的に感じられるかもしれませんが）どうしてもその時まで生きていたいと考えてしまうことになります。

16）情報を読んだ後はどうしますか？あなたには時間の感覚があります。そしてそれは良心と言い換えることもできます。時間的に間に合うように最新の重要問題の公表を怠ると、その罰として頭痛がするのです。もしあなたが何かの事柄について漠然とした全体的な罪悪感を本当に抱いているとすると、その漠然とした罪悪感にふさわしい罰を得るために、公表しないようにすることになり、その後は連鎖的にそうなってしまいます。あなたは重要な情報をまだキチンとした出版物として公表はしていません。これまでは教育と呼ばれる堅い談話という形で公表されてきましたが、独力で報酬を得るまでうまく表現する

自信があるとは思われていませんので、これではもうあなたが満足できなくなりました。十分ではありません。それでも、あなたは何年も自分に鞭打ってこられて、今では大勢の人に畏敬の念を抱かせ、あなた以外のとんどの人を満足させるほど、形式ばった話なら簡単に行っておられます。

　これで準備ができました。さあ、候補になるような文章を見つけましょう。

I HAVE FOUND TWO NOW WHAT DO I DO NEXT
TWO IS FINE SINCE THEY MULTIPLY LIKE RABBITS
　LETTER FOLLOWS
2つ見つけましたが、次はどうすれば？
ウサギのように増殖するので2つで十分
手紙が続きます

　コインを投げてどちらにするかを決めましょう。一行 60 文字からなるパラフレーズを作成しなさい。ごまかしてはいけません。文章全体で標準的な文字間隔を空けて、とにかくハイフンが最初から使われている単語以外は、ハイフンで単語を分けてはいけません。いや、まあ、話を戻しましょう。さて、いつか、あなたは *Time* 誌の数ページの記事や私が書いたローラ宛ての手紙を何通か読んで、ハイフンの調子を身につけることが出来るかもしれません。でも、今は考える必要はありません。ただ言い換えればいいのです。その間、タイプライターで打たれるページの仕組みに俗に言う頭を集中させ、機械にあなたのために考えさせようと努力するだけでいいのです。100 〜 200 語程度で十分です。だから、1 時間ほどで終わります。元のメッセージを多少変えてしまったと思っても、気にしないでください。ただの練習なのですから。あなたの好みに合わせて、ロジェの類語辞典（Roget's Thesaurus）[78] を使ってみてくださ

---

(78)　Roget's　Thesaurus…現在も出版され続けている英語類語辞典で、1805 年にイギリスの医師、自然神学者、辞書編集者のピーター・マーク・ロジェによって作成された。

い。決して辞書は使ってはいけません。できあがったら、オーブンから取り出し調理し直すように、59 文字分の長さに調整します。次に 58、57、56 文字と減らして行き、（中華料理のディナーのように）突然、もう十分だとなるのです。このようにして、段落自体が再編成されるようにするのです。その際、意識的に作業を進めるのではなく、良し悪しが自然と現われてくるのです。最初の 2、3 の書き直したものはどんどん悪くなっていき、やがて山を越えると、惰性で下って行きますが、「絶望の淵」に到達する前に止まります。次に、もう一つの論文でも同じことをするのです。すべての書き換えたものをすべてごちゃ混ぜにして、目の前に広げてください。そこに立って眺めてください。白シャツを着ているような、白紙の紙がセットされたタイプライターがイライラしてあなたを待っています。あなたが我慢できなくなるまで見守っているのです。それは、おそらく 40 秒くらいでしょう。今にも崩壊しそうなパラレル・ワールドで、何も知らされずに生きていて生命の危険にさらされている双子のような 2 つの論文が書き換えられたものことを考えていることになります。最後のページの印字が終わる前に、人のためになるようなメッセージを盛り込まなければならないのです。メッセージがどんなものなのかはまだ分かりませんが、タイプライターを攻撃するように両手で打ち、たった 1 つのメッセージを白いワイシャツの胸の部分に飛び散らせるように、白い紙に印字するのです。

　できあがったものは送らないでください、私は見ませんので。終わりましたか？深呼吸をして落ち着いて、どんな感じだったか書いてみてください。感想文でもソネットでも良いので。

　それは恐ろしい経験でした。そのことについて、いとこのあなたに話をするためにここに来たのです。ここに来たのはそれだけのためなのです。本当のことを言わせてもらうと、このようなことは今までありませんでした。私の中には、言いたいことがタイプライターを打ち始める（私はバティビル出身のベテラン打者で、強打者と呼ばれています）前よりもたくさんあって、家事をするよりも心地よいですわ。どうしようもなくなって、涙を流すことがいつまで続

くんですか？また、後どれくらい続くというのですか、この知ったかぶりじい
さん（you old tandem you）[79]？もしこれが結婚することに対する気持ちなら、
トムキャット・マンデヴィル[80] と、あの何とかいう名前の女性のことも今な
ら理解できますし、二人が結婚するのももっともだわ。私が結婚できなかった
のも当然ですね。口ひげで正体を隠さないでよ、この知ったかぶりじいさん。
私が誰に魂を売ったのかとか、どうすればいいのかとかが分かったわ、前置詞
を文の最後につけていいのね！ひどいですわ、バーナード・ショウさん。

　11番の「情報」については、それほど気にする必要はなかったのです。9、
10、13、15 の項目を確認しましたが、すぐに警察の指紋の分類システムやゲー
テの『親和力』のことを同時に考えてしまいましたよ・・・

DON'T REPEAT DON'T LOOK AT CARBON BETORE GETTING MY LETTER
手紙を受け取る前にカーボンを絶対に見てはいけません

　あなたのレポートには、この作業のことを「頭痛の種」とは書かれていませ
ん。このやり方で問題ないということですね。では、よく聞いてください。本
文には目もくれず、1枚目のカーボン紙による写しを、何も書かれていない封
筒とカミソリの刃と一緒に、秘密を守り、怪我もしないと頼りになる、非常に
聡明な8歳の女の子のところまで持って行ってください。その子にその写しを
渡し、声に出して読まないように気をつけるように言うのです。最初の段落の
ちょうど真ん中に、疑問符つきの 'soup' という単語を見つけることになります。

---

(79)　この部分の原文は 'you old tandem you' となっており、最後の 'you' は強調のた
めに付け加えられている。親しみや経験を感じさせる遊び心と愛情を込めた呼び
方です。同様の表現としては、'You old rascal, you!, You sly dog, you!, You wily
trickster, you!, You mischievous scamp, you!, You cunning fox, you!' などがあげら
れる。
(80)　実在の人物ではなく、架空の人物名で、ミス・フィディッチが付き合ったことの
ある男性の名前のようである。

次の文もクエスチョンマークで終わっていますが、この手紙にはクエスチョン
マークは、この2つしかありません。その子は2番目の疑問文を切り取って、
あなたのために封筒に入れるはずです。これで、考え始めたいのなら、そうし
ていいのです。私には絶対に言わないでください。ベイブに話したいのなら、
そうしてくれてもいいですよ。ベイブはスティーブンに伝えることができます
し、スティーブンは私が知っておくべきだと思うことだけを私に言うでしょう
が、多分何もないでしょう。本物の男性というのは、一般論以外での女性の話
はしません。というのも、個々の女性があまりにも重要だからです。

　あなたの手紙の最初の段落は、これまでの愛らしい小さなモンスターである
妹さんが登場する手紙と比べると、明らかに違っています。ここでは、以下の
ようなものは全く見られません。曖昧さの中に混乱はなく、むしろ重層的な
深さがあり、最も深い根本的なところまで読み取ることができます。そこに
は、ひどく混乱したような部分は全くありません。最後のダジャレも、率直に
表現されています。もしあなたが 'pshaw' と書いていたら、羽毛に隠されてい
るような彼に気づいたでしょうが、おそらくあなたには気づかなかったでしょ
う。このように、ショウは私たちを噛み付く（bite）ように悩ますことはない
でしょう。ただ、自責（agenbite）[81] の念を感じさせるだけです。これで何と
かまた息ができるようになりました。

　それでは、パーソナリティ・プロファイルについて見てみましょう。（私が
気づかないと思っていたのではないですか？あの教育長にあなたがしたことに
ついて当てることさえできますよ。カバのように大きな想像力でね。）人生を
長く生き抜いてきた先輩からの忠告です。数的な考え方をすぐに、力ずくで人
間的なものにしようと頑張りすぎないこと。数的に考えることと、暖かい人間
的な文章を書くこと、この2つを混同しないように。つまり、頑張りすぎない
ことが重要なのです。十分な親和性というものがあれば勝手に混ざります。も

---

(81)　ここで、自責（agenbite）と言う単語を原文で使っているのはその前の文で bite
　　という単語を使ったので、語呂合わせで、ミス・フィディッチのダジャレに対抗し
　　ている。

しそれが自然に起こらなければ、自分がインドに到達したのではなく、アメリカを発見したにすぎないことを知るでしょう。まず数的に考えてください。その作業は何ヶ月も何年も続くかもしれませんが、ある日突然、数的な考えが自転車を自由に乗りこなせるようになった子供のように、こう叫ぶのです。「ママ見て！両手離しで乗れているよ！」と。そうなると、卒業です。すべて自分でやったことだから、数的に考えることがもう身についているのです。

　これで、人間的なものにする準備が整いました。間違った方法、それも絶対に実行してはいけない方法を最初に説明します。最初にこれをするのは、少しだけ話をすれば分かってもらえるからです。シェリーがまだ小さかった頃、シェリーを守りました。というよりも、指を危険な状態にしないように守る方法を教えたのです。いつだったか正確には覚えていませんが、1歳から1歳10か月の間でした。というのも、そんなことをした台所を思い浮かべることができるからです。シェリーが閉めたいと思っていた引き出しを私が閉めて、どんな怪我をするかを見せました。シェリーは私が痛がっているのを興味深く観察し、同じだけの痛みを、本当に正確に感知したのです。シェリーは自分の指を私に見せて確認させましたが、何の怪我もなく、痛みも1分ほどで消えていくことを理解したのです。これで十分でした。彼女は明らかに十分な痛みを経験したので、二度とそのようなことはしませんでした。訪問者たちは次のような光景を見て驚いたり、震えたりしたものです。シェリーは色々なものを開けたり、閉めたりしていました。それも、驚くほど器用に、大事に至る寸前のところで指を滑り出すのでした。数か月後、閉めようとしたドアの蝶つがいのついている端でシェリーの手を傷つけることができることを見せました。痛みは他の人からも与えられることがあるのを教えようとしたのです。シェリーはすでにそのことを知っていて、自分の手で試す必要はないと言ったのです。それで、私は間違いを犯したのではないかと心配し始めたのです。おそらく間違いだったと思います。それを示すいくつかの証拠がありました。シェリーは本当に賢いのです。でも、あなたは大人だから、活字やタイプされた文字で見ただけで何かを信じるほど愚かではないでしょう。

私の考えでは、間違ったやり方は、最初から数学的な考え方を使って、論理的な順序で説明的な文章に変換していき、多少なりとも人間味を出していき、修正版で完成させようとすることです。これではうまくいきません。練習によって準備できているものとは違うからです。数学の授業中、練習はずっと続けられましたが、気楽な状態で行われていました。これは重要なことです。無理をしないでください。おそらく高校で毎週刊行される学校新聞の中の記事に見つけることができるでしょう。完璧を目指さないことで、トランプの一人遊びのソリティアよりもいいゲームになりますし、スクラブルの方が社交性を養うのに適していますがスクラブルよりいいかもしれません。あなたが書いたものや方法を押し付けるのではなく、子供たちの試みを監督するのでもなく、結果が出れば何でも褒めるのです。これがつまらなくなったら、物差しを逆にしてソネットで表現すればいいのです。

　この間ずっと、数的な手法や用語を駆使する人々は、魔法のランプに閉じ込められた精霊のジーニーのように活躍を制限されてきました。しかし、今、数的な手法で処理して問題が片付けられると、学校から飛び出して来る子供のように、数的な手法が急激に広がります。あなたはその混乱に圧倒されるでしょうが、徐々に数的手法を取る人が非常に満足できるように調整していくのです。どのようにしてと、思われるのですか？それなら、ピクニックを運営するためのルールを述べることができますか？いいえ、そんな厳密なルールはないのです。教育長がガリ版刷りのルールを用意してくれていますが、それがうまくいったことがありますか？効果があるのは、注意深い愛情のこもった見解だけなのですから。

　突然、あなたはそれ以上何もできなくなります。無理にやろうとしてはいけません。その先にあるのは絶望のどん底なのですから。すべてをやめて、3日から10日ほどそのままにしておきます。もう一度取り出してきて、今度は、これは初めてのことかもしれませんが、全体の計画を考えてみましょう。ピクニックにあたるあなたの原稿は組織化されすぎています。グループを入れ替えたり、バラバラにしたり、別のグループと組み替えたりしてください。そこか

ら先は、あなた自身のピクニックになるのです。ただ、完璧にしようとしないで、読んだ人が反対するかもしれないなあというところでやめて、そのまま印刷してください。

　あなたがドイツ語を副専攻としていたことをほとんど忘れていましたが、今ではゲーテの長編作品の中でも最も女性的な作品である『親和力』[82]に確かな直感で取り組んでいるのが分かります。重要なのは、語の選択のことではなく、語の表す価値観、主題、そしてその2つのバランスなのです。一方、イフィゲニア[83]は、私には非常に男性的に感じられ、その中間にタッソ[84]がいるのです。私の意見に同意してくれなくて結構です。それから、中世に興味をお持ちとのことですが、クードルン[85]は男性について理論的な知識しか持たない女性が作り出したしたようですが、『ニーベルングングリート』[86]は女性について親密な知識を持つ男性が作り出したと言わせてもらいます。私たちの伝統は、そのようなアンバランスさを好んでいます。生物学的には、切断された染色体や欠損した染色体などはないと思いますが、女性は男性よりも辛抱強く、悪臭に悩まされないなどの違いは確かにあります。もちろん、シェイクスピアのイメージに関するスパージョン[87]の作品を読んだことがあるでしょうから、そのための数学的な考え方は知っているでしょう。一方、ゲーテには、彼に欠けていたもののうちの1つなのですが、数学的な手法を用いることが全くありませんでした。彼の科学を取り扱った著書の前に書いた作品を見てくだ

(82)　『親和力（Wahlverwandtschaften）』は 1809 年に出版されたゲーテの長編小説。（英語名は Elective Affinities、ドイツ語名は Die Wahlverwandtschaften）で also translated under the title Kindred by Choice, is the third novel by Johann Wolfgang von Goethe, published in.

(83)　イフィゲニア（Iphigenia）ギリシア神話に登場するミュケーナイの王女。

(84)　タッソ（Torquato Tasso, 1544-1595 年）は、16 世紀イタリアの叙事詩人。

(85)　クードルン（Kudrun）は、中世ドイツ英雄叙事詩。1250 年頃、オーストリアかバイエルンで書かれたと考えられている。

(86)　『ニーベルングングリート』（Nibelungenlied）伝説の英雄ジークフリート（Siegfried）の生涯を描いた中世高地ドイツ語による叙事詩。

(87)　スパージョン（Caroline Frances Eleanor Spurgeon, 1869-1942）は、英文学評論家。

さい。神のように色の濃淡や色相を扱っているし、原型そのものなのです。それは化学と呼べるものです。しかし、女性は化学における親和力を好むのです。概して安定した化合物、つまり、関係性だけを作りたがり、不安定さに耐えられません。そのようにしていて、文章が上達するでしょうか？それとも、上達したくないのでしょうか？私の中には女性的な部分が多くありますが、あなたの中には男性的な部分がどれくらいありますか？動的安定性、つまり常に変化しているからこそまとまり続けることに我慢できますか？

　あなたの手紙の１枚目と、エレノアに宛ての手紙の写しの１枚目を折りたたんで持っていました。（私はもう彼女を名前で呼ぶことはありませんが、その理由は分かっています）彼女は、十分な刺激を受ければ、すぐに利用できる最も聡明な８歳児です。そのような子供のように厳粛に、彼女は作品を封筒に入れて見えないようにするところまでやったのですが、あわててもう一度取り出して封筒を破ってしまいました。一瞥した後、私に視線を送り、それが徐々に、そして迅速に、私たちが全く同じ年齢になるまで温められました。彼女は、スティーブンには何も言わない、もう知りすぎていると言いました。私たち女性は団結しなければならない、そうでないと別れ別れになってしまうと言ったのです。でも、彼女はスティーブンを信頼しているのですよ。あなたももちろん知りすぎていますが、私が言えば彼女はあなたを信用するでしょう。ほらね。以上が、あなたが言われたことのすべてです。私は彼女の文法がとても正確だと思いました、８歳の子供の文法はそうであるべきだと思います。
　しばらくは結構忙しくなりそうですが、奥様にメモを送る予定です。

　私はこの手紙の写しを保管していませんし、あとでこの手紙を私に見せてはいけません。これは契約上、この手紙を燃やすのと同じことです。こちらのただし書きがそちらのただし書きと同じでないのなら、どうしようもないことは分かると思います。前回の手紙を読み返してみて、頭痛についての質問には前に答えるべきだったと分かりました。「頭痛」とは何でしょうか？今まで一度

も頭痛になったことはありませんよ。それ以外はここで普通に過ごしています。では、いくつかご紹介しましょう。

　性別が２つあるだけでなく、おそらく他の二項対立もあるでしょうが、完全に（子供じみた）人間には２つのグループがあります。１つのグループは文学を楽しみ、もう１つのグループは科学を楽しむ。未来の共同体を広めるために、その２つのグループは一緒にならなければならないのです。１つのグループはもう１つのグループを助けるのです。難しいことではありません。なぜなら、この２つは区別がつかないほど似ているからです。別々の教会に行くのですが、同等に高く評価されるようなものです。布教活動のように別のグループの人を説得しようとしていますか？それはやめましょう。そのままにしておきましょう。２つのグループの中でそれぞれが交換可能な部品のように協力しあいましょう。

　裏話をすればそれでいいのでしょうか？答えはこうです。作家というのは自分が作る神話の中で最も正直に自分の気持ちを言い表しているのです。単純な記憶だけに頼るほど馬鹿ではないからです。その内容を凝縮し、分解し、小さく折りたたみ、さらに深く掘り下げるのです。ここで重要なことを思い出しました。読者にも伝えることにしましょう。それは同じものである必要はないのですが、作家はさらに多くの、さらに深いものを探すのです。女性作家の方がより重要な部分に貢献するのです。繊細な側面や隠された部分に目を向けるのが女性である私たちの仕事なのです。

　行動の仕方に２つの様式があるとか、人種が違うと言うのですか？それは馬鹿げた考え方ですよ。長い間、一緒に暮らしていたため筆跡が似ているようなものです。ただそれだけですよ。でも興味を惹かれるほどの違いはあるのです。アイルランド人のバーナード・ショウとジョン・ブル[88]という典型的な

---

(88)　ジョン・ブル（John Bull）は、擬人化されたイギリスの国家像、または擬人化された典型的イギリス人像。

イギリス人を見てみましょう。やはりアイルランド人のショウが必要です。ア
イルランド人には特別な能力、独特の才能があります。それは天賦の才能なの
です。スズメのような取るに足らない小鳥の事にも配慮するような能力です。
真理とはどのようなものでしょうか？この問いには明日になっても答えられな
いのですがこの問いは必要です。残酷で異常な笑いも「憲法」のような規則や
規範も必要です。常に若返っている9人の男たちがいます。つまり時間が経過
しても勢いを保つことが必要なのです。十分に速いスピードで進歩しているで
しょうか？動的安定性、つまり、活動的でありながら安定性を維持していなけ
ればならないのです。一つの場所に留まるためには、一生懸命走らなければな
らないのです。たとえば、フランス人は既存のものを破棄して数的な計画にし
たがってやり直します。でも、その間、子供たちが飢えるという危機的な状況
が起こる可能性があります。このことに対して行動を起こす必要があるので
す。このように2つの対立するようなものの共存が必要なのです。

　ソネットと高校での出来事の両方にあきたので、中期高地ドイツ語を学んで
いた頃に書いたウォルフラム[89]作のパルチバル[90]のあらすじを説明した原稿
を探し出しました。実際に、まさに私の問題にぴったりな部分がありました。
でも、それはガーウェインか、シギュンか、パーシヴァルか、トレヴリゼン
ト[91]のどの人物について書かれた部分なのか分かりません。それとも馬につ
いて書かれた部分だったでしょうか。あなたは、トレヴリゼントよりも馬にな
りたいと思っているでしょうし、私はあなたがシギュンにはあたらないと確信
しています。あなたは何か作品を書いていますか？それとも、行動を起こして
いるのでしょうか？彼女のしたことは、これ以上ないほど好ましくない事でし

---

(89)　ウォルフラムとは、ドイツ中世盛期の宮廷詩人であるウォルフラム・フォン・
　　　エッシェンバッハ（Wolfram von Eschenbach）のこと。
(90)　パルチバル（Parzival）はエッシェンバッハの代表作の叙事詩。
(91)　ここにあげられている名前、ガーウェイン、シギュン、パーシヴァル、トレヴリ
　　　ゼントは、『アーサー王伝説』に登場する円卓の騎士として知られている。ガーウェ
　　　インはアーサー王の甥でアーサー王を補佐した。パーシヴァルは聖杯探求の旅に出
　　　て、聖杯を手に入れることのできた3人の中の一人。

た。あなたは、あの完璧な優しい騎士であるガーウェインほど洗練されはていません。騎士道がなぜ消滅しなければならなかったのかを理解するのは簡単です。動的安定性がなかったからです。自己満足は死と同じです。熱力学の第二法則[92] にそう述べられています。それでは、あなたと私の2人がパーシヴァルであるとしましょう。というのも、少なくとも、彼は亀のように首を突き出し（＝危険を冒し、冒険をし）ていたのですから。それがなかったら、どこにも行けなかったでしょう。あなたと私は、月水金と火木土に交代で担当しましょう。そして、日曜にはトレヴリゼントを訪れましょう。というのも、2人が決めた「憲法」にそう書かれているからです。そして、私たちは2人とも軍人よりも審判を尊敬しています。幸いなことに、今のところ2人とも野球に興味を持っているので。それはともかく、私は「何かを行う」ということをしていないので、練習として、次のようなあらすじの一部の書き直しをしてみました。

　パーシヴァルの冒険を報告しないまま、ヴォルフラムはガーウェインの非常に複雑な冒険を追い、パーシヴァルは時々目立たずに現れる。彼がどのように騎士を倒し、囚人に聖杯を手に入れようと要求しているかを知ることができる。次にパーシヴァルと出会うのは、シギュンが恋人の墓を見守っている庵である。シギュンはパーシヴァルにマンサルヴェソでの過ちを許し、聖杯から毎週食べ物をシギュンに持ってきて、今しがたシギュンと別れたクンドリーを追いかけるように助言する。パーシヴァルはクンドリーを見失う。彼は聖杯の騎士と戦って勝ち、自分の馬が失われたため、その騎士の馬に乗ってさらに進む。そのうちにパーシヴァルは別の騎士と出会い、その騎士は、聖金曜日に武装して馬に乗ったパーシヴァルを非難し、トレヴリゼントに会いに行くように勧める。そこでパーシヴァルは初めて神に思いを馳せ、

---

(92)　熱力学の第二法則とは、高温から低温への熱の移動は不可逆で、その逆の変化を起こすためには外からエネルギーを与えなければならないという熱現象の不可逆性のこと。

「もし神が私の災いを取り除いてくれるとしたらどうだろう。もし今日が神の助けの日なら（今日が聖金曜日であることを忘れずに）、できることなら私を助けてください」と心の中で考えた。そして、神を試してみることにした。わざとトレヴリゼントへの正しい道を外れて、馬の頭を差し出し、生き物が神の支配と導きを受けることはどのようなものになるのかを試してみたのである。この試みは成功した。

信じられないかもしれませんが、これは進歩ですよ。私は今、公表するに値するものに取り組んでいます。全体的に見て、欠点はこれまでのところ、始まりがないということです。終わりは自ずと決まるので、ほとんどの作文のクラスの生徒が言うこととは全く逆なのです。生徒の悩みは、最初によく考えていないため、ほとんど述べることがないということです。閉じたシステムは、終わりの面倒は見てくれますが、始まりのことには役に立ちません。始まりは人間味のあるものでなければならないのです。表面的な価値と言ってもいいでしょう。つまり、鉱夫を惹き寄せる、地表に転がっている天然の小さな金属の塊のようなものです。私が必要としているのは、そのようなものであり、内部に隠されたメッセージに似たものであれば何でもいいのです。述べたいメッセージそのものではなく、述べたいメッセージに似ているものが必要なのです。数理モデルにおける小さな思考形式は、読者が立ち止まって見たり聞いたりしなければならないほど身近な現実の世界に起きている事を象徴するようなものでもなければならないのです。それを見つけられれば、これ以上疲れを感じないでしょう。

あなたが始まりを必要とするように、私も始めるために必要とするものを見つけたと信じています。もしそれを使いたければ、使えますよ。「使ってもよろしい」と言っているのではありません。契約書に書いてありますよね？あなたには使用する権利がありますが、私には許可を与える権利はありませんので。あなたのプロジェクトには、きっとどこかに二項対立があるでしょう。一方、私のプロジェクトには、ご存知のように、科学と文学の2つのグループが

あります。今どちらが先に進んでいるかは、私には明らかです。でももちろん、私が聞いている間にテキストが書き換えられていくうちに、もう一方が追い抜いて、結局は先に立つことになるかもしれません。私が愛する英語の文章に、私の先入観を押し付けるつもりはありません。文章が語り、私は聞くだけです。民の声は神の声。私はただの編集者なのです。それが、私に期待していたことでしょうか？あなたのことだから、最初からそう企んでいた可能性がありますね。さて、ここからが本題です。

アイルランドのある鉄道の駅には、数分ずれた２つの時計がありました。親切なイギリス人旅行者がポーターにその事実を指摘すると、返事は次のようなものでした。「旦那さん、正直のところを言わせてもらうと、２つとも同じ時刻を指しているんなら、なぜ２つあるのでしょうか？」[93]

---

(93)　この部分の原文は次のようなものであるが、内容的には冒頭のものと同じことを表している。

A certain rail road station in Ireland has two clocks which disagree by several minutes. When a helpful English traveler pointed out the fact to a porter, the reply was, 'Faith, sir, if they told the same time, why should there be two of them?'

しかし、ここでは別の表現が使われている。冒頭に述べられていた英語は以下のようなものである。この２つを比べてみると、冒頭の文と比べて推敲が加えられた文章になっていることが分かるであろう。

Ballyhough railway station has two clocks which disagree by some six minutes. When one helpful Englishman pointed the fact out to a porter, his reply was 'Faith, sir, if they was to tell the same time, why would we be having two of them?（バリーホッフ駅には時計が２つあり、6分ほど違っています。親切なイギリス人男性がポーターにその事実を指摘したら、次のような返事が返ってきました。「旦那、正直のところを言わせてもらうけどね、２つとも同じ時刻を指していたら、２つもいらないんじゃないですかね」)

訳者あとがき

　古いことで、記憶が曖昧であるが、私が神戸市外国語大学の学部のゼミの時間に小西友七教授から本書 Martin Joos, *The Five Clocks* を翻訳してはどうかという提案があり、後輩の内木場努氏、田中宏明氏らと一緒に翻訳を始めた。薄い本であり、大まかな内容を理解することはできるので、簡単に翻訳できると思って始めたのだが、細部になると、内容を正確に理解して翻訳するのは難しく、作業は困難を極めた。私の担当の部分の訳例を示した時でさえ、小西先生にきついコメントをいただいたことを思い出す。その後、完成を目指し、後輩たちと合宿などをして各自の担当部分の訳例を互いに批評し合ったが、翻訳作業は遅々として進まず、最終的には立ち消えになってしまった。ひとえに我々の力不足が原因だったと考えられる。

　その後、五十年近く経つのであるが、長年終わらせることができていない宿題を終わらせるために、この本の翻訳に再度挑戦しようと思い立った。長年英語に接してきて、かなり読めるようになってきたと思っていたが、いざ翻訳しようと本文を読んでみると、今でも、細かいところに関しては、やはりかなり難しかった。今回、マークワート氏の「前書き」とともに翻訳をしたのであるが、ジョース氏もマークワート氏も言語学者であるが、背景的知識の豊富な学者であり、言語学的知識だけでなく文学的知識がないと理解できないような部分もかなりあった。そのようなところには「訳者注」を詳しくつけることにより、分かりやすくしたつもりである。

　この翻訳に関しては、マーク・ジュエル氏（早稲田大学名誉教授）に英文の分かりにくいところ、ジョークを述べている箇所、私の誤読しているところなどを丁寧に解説していただき、さらに、私の訳文の不備を色々指摘していただいた。この場を借りて、感謝の意を表しておきたい。

　今回、機会を得て、関西大学出版部からこの本の翻訳を出版する運びとなったが、五十年前の宿題に対する私なりの回答を提出したつもりである。小西先生がご存命であれば、「まだまだ読みが浅いよ」とコメントされるものである

かもしれないが、私なりに最善を尽くした結果である。学生時代にこの翻訳を
始めた時、先頭に立って頑張っていた、故 内木場 努氏（元富山大学教授）に、
この本を捧げたいと思う。

奥田　隆一

■著者紹介
マーティン・ジョース (Martin Joos, 1907-1978)

アメリカの言語学者であり、ドイツ語の教授。アメリカ合衆国ウィスコンシン州生まれ。電気工学の学士号を取得し、第二次世界大戦中、アメリカの信号保安局で暗号解析に従事しながら、言語学を応用。大戦後、修士課程に戻り言語学の道に進み、ドイツ語の学位を取得。その後、ウィスコンシン大学のドイツ語教授となり、最終的にはドイツ語学部の学部長に就任。その後、アルバータ大学、エディンバラ大学、ベオグラード大学の客員教授を歴任。主な著書としては、以下のものが有名。

- 1958. *Readings in Linguistics: The Development of Descriptive Linguistics in America since 1925.* (editor) Washington: ACLS.
- 1962. *The Five Clocks.* Bloomington: Indiana University Research Center in Anthropology, Folklore, and Linguistics. Reprinted in 1967 by Harcourt, Brace & World.
- 1964. *The English Verb: Form and Meanings.* Madison: University of Wisconsin Press.

■訳者紹介
奥田隆一（おくだ・たかいち）

1952 年 大阪府堺市生まれ。1979 年 神戸市外国語大学大学院修士課程修了。
1980 年〜1999 年 近畿大学教養部助手・講師・助教授。1990 年〜1991 年ハーバー
ド大学言語学科客員研究員。1999 年〜2008 年 和歌山大学教育学部教授。2008 年
〜2009 年 関西大学外国語教育研究機構教授。2013 年 北アリゾナ大学客員研究員。
2009 年〜2023 年 関西大学外国語学部教授。日本英語コミュニケーション学会元会
長。現在 関西大学名誉教授、日本英語コミュニケーション学会会長理事。

著書
『英語ことわざ使用の実態』（関西大学出版部）、『英語語法学の展開』（関西大学出
版部）、『英語教育に生かす英語語法学』（関西大学出版部）、『英語語法学をめざし
て』（関西大学出版部）〈日本英語コミュニケーション学会賞・学術賞受賞〉、『英語
観察学』（鷹書房弓プレス）辞書（分担執筆）：『英語基本動詞辞典』、『英語基本形
容詞・副詞辞典』、『英語基本名詞辞典』（以上、研究社出版）、『ランダムハウス英
和大辞典（第 2 版）』（小学館）翻訳（共訳）：ND・タートン『ロングマン英語正誤
辞典』（金星堂）

五つの言語時計
英語用法の 5 つのスタイルをめぐる言語学的な小旅行

2024年 3 月 31 日　発行

著　者	マーティン・ジョース	
訳　者	奥　田　隆　一	
発行所	関　西　大　学　出　版　部	
	〒 564-8680　大阪府吹田市山手町 3-3-35	
	電　話 06-6368-1121　FAX 06-6389-5162	
印刷所	協　和　印　刷　株　式　会　社	
	〒 615-0052 京都市右京区西院清水町 13	

ISBN978-4-87354-778-7 C3082　　　　　　　落丁・乱丁はお取替えいたします。